日弁連ADRセンター双書 5

労働紛争解決と ADR

Alternative　Dispute　Resolution

日本弁護士連合会　ADRセンター 編

弘文堂

は　じ　め　に

　「ADRの時代」は激動する。

　ADR（Alternative Dispute Resolution「裁判外紛争解決機関」）を巡る環境は、ここ数年、めまぐるしく変化を遂げている。

　私が、日本弁護士連合会ADR（裁判外紛争解決機関）センター委員長に就任してから、この方、毎年のように、弁護士会ADRに対する需要等に応じた対応をとることになった。

　まず、2008年（平成20年）6月以降、全国8高等裁判所所在地近辺の弁護士会仲裁センター等に「医療ADR」を設置することとし、既設置会も含め、現在11弁護士会に「医療ADR」を設置することになり、各地の当該「弁護士会医療ADR」が、順調に実績をあげているところである。

　2009年（平成21年）8月、総務省および社団法人デジタル放送推進協会から日本弁護士連合会に対し、「地デジADR」（受信障害対策紛争処理事業）の相談員、調停員および紛争処理運営委員会委員となる弁護士の推薦を依頼され、日本弁護士連合会は、相談員・調停員候補者として全国各地の弁護士会から180名の弁護士と紛争処理運営委員会委員2名を推薦し、以後、2011年7月24日のアナログ波停波にいたるまで、「地デジADR」の事業の遂行に協力した（東北3県福島、宮城、岩手については、2012年3月まで事業を延長した）（2009年下期～2011年下期まで、問合わせ件数2,053件、相談件数588件、調停件数156件、応諾件数98件、和解件数54件となった）。

　2010年（平成22年）6月以降、金融庁からの協力要請を受け、東京三会を中心に、各金融機関や金融団体との間で「金融ADR」に関する協定書を締結して、弁護士会仲裁センター等の中に「金融ADR」を設置し、その機能強化をはかっているところである（金融ADRに関する金融機関からの協定申入れ件数（団体も含む）は、2012年9月末段階で、638件であり、協定締結数は、580件となっている。なお東京三会は、個別金融機関417社、金融機関団体7団体と協定書を締結しているところ、受諾書を提出している団体傘下の個社は合計907社あり、東京三会だけで、1,324社の金融機関と契約関係にはいっており、その他の弁護士会分

を加えると約1,500社ほどの金融機関と、契約関係にはいっていることになる)。

　そして、2011年3月11日には、「東日本大震災」が発災し、膨大な数の死傷者と行方不明者をだすとともに、福島第一原子力発電所が爆発したのは、周知のとおりである。

　日弁連ADRセンターは、東京三弁護士会の「仲裁センター」等を中心に、「原子力損害賠償紛争解決センター（原発ADR）」の組成に協力することとなった。

　現在東京3会から、180名ほど、関東10県会、仙台弁護士会などから20名ほどの仲介委員が選任されている。また調査官については、東京3会から75名程度（平成24年10月1日時点、同年11月1日時点で5名ほど追加予定）が、選任されている。2011年9月から2012年9月（9月28日時点）まで、申立件数は4,074件、既済件数が1,098件で、未済累計が2,976件となっており、未済がここ数カ月、毎月100～300件ずつ増えている状況にある。

　激動する「ADRの時代」は、その質および量において、圧倒的であり、まるで荒れ狂う奔流のようである。

　我々、弁護士会ADRは、このような「ADRの時代」に対処してゆかねばならないのである。

　このような現状のもと、今般、日本弁護士連合会ADR（裁判外紛争解決機関）センターが、「日弁連ADRセンター双書」の第5巻として、本書で取り扱うのは、「専門ADR」のうち、「労働紛争解決とADR」についてである。

　「労働紛争ADR」として代表的なものとして本書で主として取り上げるのは、「司法型ADR」として「労働審判制度」、「行政型ADR」として「労働局の個別紛争解決制度」である。

　「労働審判制度」において、調停成立率は7割を超え、労働審判による解決を含めると、約8割の解決率があり、「司法型ADR」として、最も成功したものの1つといえるであろうし、「労働局の個別紛争解決制度」の「紛争調整委員会によるあっせん」（平成23年度6,510件）と「都道府県労働局長による助言・指導」（平成23年度9,590件）を含めると合計16,100件の案件を扱っており、「行政型ADR」として、この分野で重要な機能を果たしているといえるの

である。

　翻って、弁護士会ADRについては、現在、全国で31弁護士会（34センター）が「弁護士会仲裁センター」「弁護士会紛争解決センター」等の名称で、弁護士会運営のADRの実践に携わっている。

　日本弁護士連合会ADR（裁判外紛争解決機関）センターは、こうした各「弁護士会仲裁センター」等をサポートするため、2001年（平成13年）6月に、「ADR関係の調査研究、各単位会の裁判外紛争解決機関の連絡・調整」を目的として、設立されたものであり、全国の各「弁護士会仲裁センター」等の運営をする弁護士会員100名余で構成され、適正なADR機関の創設・発展に寄与しているところである。

　本書は、第1巻（『紛争解決手段としてのADR』〔2010年〕）、第2巻（『交通事故の損害賠償とADR』〔2010年〕）、第3巻（『建築紛争解決とADR』〔2011年〕）および第4巻（『医療紛争解決とADR』〔2011年〕）に続いて、ADR（裁判外紛争解決機関）センターが、日弁連会員である弁護士に対して、2010年（平成22年）3月17日に行った「日弁連特別研修会」（紛争解決手段としてのADR その5「労働紛争の解決の手法を学ぶ」）の内容に、所要の加筆・改訂を加え、各種資料を最新のものにあらためて出版するものである。

　本書の大半の記述形式が、基本的に会話調であるのは、この来歴に由来するのである。

　また、本来「日弁連特別研修会」は、前述のとおり日弁連会員である弁護士のみを対象とするものであるが、本書の内容自体は、弁護士のみならず、ADRに興味を持つ研究者、ADR機関関係者その他の方々にも有用なものと思われるし、ADR利用者にとってもお役に立てれば幸いである。

　なお、本書がなるにあたっても、弘文堂編集部の清水千香さんに、一方ならぬお世話をいただいた。この場を借りて、謝意を表したい。

　　　2012年（平成24年）10月

　　　　　　　　　　　　日本弁護士連合会ADR（裁判外紛争解決機関）センター
　　　　　　　　　　　　　　　　委員長　　渡　部　　　晃

労働紛争解決と ADR●CONTENTS

第1部　裁判所（労働部）における紛争解決の実情
―労働審判制度の運用の実際と適切な手続選択

- Ⅰ　はじめに …………………………………………………………………… 2
- Ⅱ　労働審判制度の概要 ……………………………………………………… 3
- Ⅲ　労働審判制度の運用 ……………………………………………………… 5
    1. 労働審判制度で解決した事件 … 5
    2. 平均審理期間 … 7
    3. 事件数の推移 … 8
- Ⅳ　労働審判手続の概要 ……………………………………………………… 9
    1. 労働審判手続の申立て … 9
    2. 期日の指定と当事者の呼出し … 10
    3. 労働審判期日 … 11
- Ⅴ　労働審判手続運用の特色 ………………………………………………… 13
    1. 事案の解決に適切な調停案・労働審判を提示 … 13
    2. 労働審判委員会主導の運営 … 14
    3. 当事者の自己責任の要素の高さ … 15
    4. 合議による事件解決への見通しの的確さ … 16
- Ⅵ　代理人としての準備のあり方 …………………………………………… 17
    1. 基本的な準備のあり方 … 17
    2. 準備の具体的な方法 … 20
        - (1) 労働審判手続申立書と答弁書の充実(20)
        - (2) 書証のあり方(21)
        - (3) 陳述書の要否ないし役割(21)
        - (4) 出頭する関係者(23)
        - (5) 審尋への対応(23)
- Ⅶ　合理的な手続選択 ………………………………………………………… 24
    1. 労働審判手続に適した事件 … 24
    2. 仮処分について … 25
    3. 労働審判手続に適さない事件 … 25

第2部　厚生労働省労働局における紛争解決の実情
―労働局の個別労働紛争解決制度について

- Ⅰ　はじめに ……………………………………………………………… 30
- Ⅱ　制度の趣旨 …………………………………………………………… 30
- Ⅲ　制度の概要 …………………………………………………………… 31
  - 1　総合労働相談コーナーでの相談の振分け … 31
  - 2　都道府県労働局長による情報提供、相談等 … 34
  - 3　都道府県労働局長による助言・指導 … 35
  - 4　紛争調整委員会によるあっせん … 35
  - 5　労働局の役割 … 36
- Ⅳ　実施体制 ……………………………………………………………… 37
  - 1　労働紛争調整官 … 37
  - 2　紛争調整委員 … 37
  - 3　総合労働相談員 … 38
- Ⅴ　実　　績
  - ―総合労働相談、民事上の個別労働紛争相談、
  - 助言・指導、あっせんの件数 ……………………………………… 38
- Ⅵ　手続の流れ …………………………………………………………… 42
  - 1　紛争調整委員の委嘱 … 42
  - 2　あっせん申請の受理 … 42
  - 3　あっせんの委任 … 44
  - 4　期日の調整 … 44
  - 5　あっせんの流れ … 45
  - 6　合意文書の作成 … 47
  - 7　他の紛争解決機関の教示（あっせん不成立の場合）… 48
- Ⅶ　実際の紛争解決事例 ………………………………………………… 48
- Ⅷ　他の紛争解決援助制度 ……………………………………………… 49
  - 1　雇用均等室 … 49
  - 2　都道府県の労政主管事務所による労働相談、都道府県
    労働委員会による個別労働紛争のあっせん … 50

第3部

[1] 労働者側弁護士の個別労働紛争解決手段の選択 …………54
Ⅰ はじめに ………………………………………………………54
Ⅱ 労働者側の労働相談について ………………………………54
1 相談ルート …54
(1) 労働組合ルート(54)
(2) 弁護士会、法テラス等公共機関の法律相談ルート(55)
2 主な相談類型 …55
3 紛争解決手段(メニュー)と各手続の特徴 …57
(1) 裁判所の活用(57)
(2) 行政機関の活用(59)
Ⅲ 紛争解決手段の選択の留意点 ………………………………61
1 法的見通し …61
2 当事者の真の「要求」は何か …61
3 使用者(相手方)の見極め …63
4 紛争解決手段の一般論 …63
5 判断が難しい事件(パワハラ事件、いじめ事件) …65
6 紛争解決手段を選択する前の調査・交渉の重要性 …66

[2] 労働紛争リスクへの対応について ……………………………67
Ⅰ はじめに ………………………………………………………67
Ⅱ 個別労働紛争解決制度等の概観 ……………………………67
1 対応で注意すべき点 …67
2 取扱い件数・所要期間等 …68
3 労働委員会の救済命令と他の紛争解決制度との違い …69
4 労働法規の特殊性等 …70
5 裁判を念頭に置いた日頃の留意点 …72

第4部 個別労働紛争とADRの上手な利用方法
―パネルディスカッション

Ⅰ はじめに ………………………………………………………76
Ⅱ 解雇事案の解決手段 …………………………………………77

1　労働局におけるあっせん等の対応 … 77
　　2　労働者側弁護士のとるべき対応 … 78
　　3　使用者側弁護士のとるべき対応 … 80
　　4　裁判所からの要望 … 84
　　5　復職和解について … 85
　　6　退職和解について … 86
　　7　労働審判の傾向 … 87

Ⅲ　残業代請求事案の解決手段 …………………………………………88
　　1　労働者側弁護士のとるべき対応 … 88
　　2　使用者側弁護士のとるべき対応 … 90
　　3　裁判所における対応 … 93
　　4　労働局における対応 … 97

Ⅳ　セクシュアル・ハラスメント事案の解決手段 ………………98
　　1　労働者側弁護士の対応 … 99
　　2　労働局雇用均等室における対応 … 100
　　3　使用者側弁護士の対応 … 104
　　4　労働審判手続でのセクシュアル・ハラスメント問題の対応 … 105

　資料 *1*-①　事　例 … 110
　資料 *1*-②　労働審判手続申立書 … 113
　資料 *1*-③　答弁書 … 123
　資料 *2*-①　普通解雇に関するあっせんを申請する場合の記載例 … 132
　資料 *2*-②　配置転換に関するあっせんを申請する場合の記載例 … 133
　資料 *2*-③　いじめ、嫌がらせに関するあっせんを申請する場合の記載例 … 134
　資料 *3*-①　普通解雇をめぐり和解金の支払いを求めたあっせん事例 … 135
　資料 *3*-②　リストラを理由とする解雇予告の撤回を求めたあっせん事例 … 137
　資料 *3*-③　退職金規程の変更を理由に退職金額を半額に減額された
　　　　　　　ことをめぐるあっせん事例 … 140
　資料 *3*-④　現場責任者からの嫌がらせをめぐる助言・指導事例 … 142
　資料 *4*　　個別労働紛争解決制度一覧表 … 144
　資料 *5*　　個別労働関係紛争解決手続総覧 … 154

事項索引 ………………………………………………………………………169

第1部

裁判所(労働部)における紛争解決の実情
―労働審判制度の運用の実際と適切な手続選択―

渡辺　弘　(東京地方裁判所民事第36部判事〔2010年当時〕)
　　　　　(現：東京高等裁判所第16民事部判事)

> 本研修会は 2010 年 3 月に行われましたが、内容はより新しいものに加筆されている部分があります

I　はじめに

　東京地方裁判所民事第 36 部の裁判官を務めております渡辺弘と申します。人前で話すことにあまり慣れていないものですから、お聞き苦しい点があろうかと思いますが、そこのところはお許しください。よろしくお願いいたします。

　私は、平成 14 年 2 月から東京地裁労働部で仕事をするようになりました。平成 16 年 3 月までは民事第 19 部の右陪席を務め、3 年間ほど間が空きまして、平成 19 年 4 月から今日（平成 22 年 3 月当時）までは民事第 36 部の裁判長を務めておりますので、合わせて 5 年と少し在籍していることになります。おそらく裁判官の中で労働部に 5 年在籍するというのはかなり長いほうなのですけれども、先日ある事件を担当しておりましたら、たいへんベテランの労働事件をたくさん扱ってこられた弁護士の方が、「私はかれこれ 40 年労働事件をやってきたんです」とおっしゃっていました。思わず、「私のような若輩者、新参者が生意気なことを申しましてたいへん失礼しました」といいたくなるような、そういう雰囲気をお持ちでした。同じように、後でご登壇になる和田先生や水口先生からご覧になれば、私などはほんの新参者のひよっこかなと思います。ただ、期間はともかく、私は件数については、とても多くの事件を担当しています。5 年間で 500 件以上、労働審判だけでも 200 件は超えているでしょう。今日は、その中で、日頃実務に接していていろいろと感じるところ、また、こういうことを弁護士の方々に準備していただけたらといった点を中心に、お話しようと思っています。

Ⅱ 労働審判制度の概要

　まず、「労働審判とは何か」というところから、ご説明したいと思います。この制度は、平成18年4月に発足したもので、まだ4年しか経っていません。その中身が具体的にどうなっているかについては、5頁の**POINT**をご覧ください。

　私は労働審判を行うときに、当事者に手続の説明をしますが、こういう説明の仕方をしています。やや比喩的な表現になりますが、「労働審判というのは、労働審判を申し立てた段階で、法律的には訴訟が提起されたのと同じ状態になります。その冒頭の段階で、原則として最大限3回非公開の手続を行って双方の言い分を聞きます。それで、話合い（調停）による解決ができるかどうかを、まず試みてみる、そういう制度なんです」という説明をしています。話合いができないと、善し悪しはともかくとして、とにかく必ず裁判の手続に移るんだということをご説明するわけです。

　ポイントは、おそらく2つだと思います。1つは、必ず訴訟が後に付いてくるという点です。そういう意味では逃げられない制度なんですね。民事調停法の民事調停ですと、話合いが成立しなければそれきりですけれども、労働審判は話合いが決裂して紛争が解決しないと裁判の手続に移ります。実際には企業が相手方になるケースが多いのですが、そうした企業にとって逃げられない制度になっています。つまり、話合いがまとまらないと訴訟になってしまいますから、裁判官も、当事者も逃げられないわけで、だからこそ話合いによる解決をしましょうと、一言でいえば、そういう制度だということになります。もう1つのポイントは、審判手続が原則最大限3回になっているという点です。おそらく、この2つが労働審判の特色になろうかと思います。

　手続としては、裁判官以外の労働審判員は、労働者または使用者の立場で、実際に労働関係における諸問題の処理に携わった経験があり、労働関係に関する専門的な知識経験を有する者の中から、あらかじめ最高裁判所によって任命され、個別の事件ごとにその事件が係属する裁判所が任命します。裁判官1名

とともに審判員2名が、労働審判委員会を構成し、労働審判員は、労働者側・使用者側に関係なく、完全にニュートラルな立場で、裁判官との間で手続の運営や中身について合議して手続を進めるのです。ですから、理屈っぽい裁判官だけでなくて、労使それぞれのいろいろな知識や経験をお持ちの労働審判員と合議をして、それによって紛争解決ができる手続であることが、非常に特徴的です。

現実問題として、合議をすると裁判官が負けてしまうこともあります。ほとんどの事件では、労働審判員と意見がほぼ一致するのですが、多数決をとると裁判官が負けてしまうということも決して少なくありません。しかし、労働審判員から率直で手厳しい意見がいろいろと出される中で、「そうか、こういう観点があるんだな」ということを、われわれ裁判官は日々学ばせていただいています。

話合い、すなわち調停が成立すれば、和解と同じ効力をもつ調停が成立することになります。調停が成立しないときは労働審判が行われ、裁判官と労働審判員2名によって、こういう紛争解決をするのが適切だという結論が出されます。それに対して当事者から2週間以内に異議申立てがなければその審判は確定し、裁判所の和解と同じ効力が得られます。もし異議が出れば、そのまま通常の訴訟手続に移行します。繰り返しになりますが、そういう意味では、労働審判手続というのは、訴訟手続と連携している制度であるといえます。

異議が出ますと、労働審判委員会が出した最終結論である労働審判は雲散霧消してしまいます。審判に異議の申立てをしたところで、訴訟を提起したという法律効果以外は雲散霧消して消え去ってしまうのです。私も時々、異議後の手続を担当するのですが、「労働審判では200万円の解決金の調停案が出たのに、訴訟になったら、なぜ解決金120万円の和解案になるんだ？」というふうに、文句をいう当事者もいらっしゃいます。しかし、そんなことをいわれても、異議が出た段階で審判は雲散霧消、跡形もなくなってしまうのだから仕方がないと、そのように説得しているところです。訴訟になったら、訴訟を提起したという効力以外は全部消えてなくなりますので、また一から手続をやっていただくことになるのです。

POINT

＊労働審判制度
　①施行目的
　　平成18年4月、個別労働事件の実情に即した迅速、適正かつ実効的な解決のために施行
　②労働審判の概要
　　ⅰ）審判官（裁判官）1名と労働審判員2名からなる労働審判委員会による審理
　　ⅱ）原則3回以内の審判手続で、調停（話合い）による解決を図る
　　ⅲ）調停不成立の場合は労働審判を出す
　③審判手続の特色
　　ⅰ）裁判官1名と、労働関係の専門的な知識経験を有する労働審判員2名の計3名で労働審判委員会を構成
　　ⅱ）基本的に、話合いによる解決を目指す
　　ⅲ）訴訟手続と連携
　　　労働審判に対して異議申立てあり → 通常訴訟へ（法21条3項、22条1項）
　　　事案の性質上、審判は不適当 → 通常訴訟へ（法24条：「24条終了」）

Ⅲ　労働審判制度の運用

1　労働審判制度で解決した事件

　次に、図表1～図表5に挙げました、東京地裁における労働審判に関する統計について説明させていただきます。

　図表1・2「終局件数の概況」は、どのように事件が終局したかを表したものです。調停成立が72％（平成21年末までの数字に基づくもの。以下同）で、これだけでもかなり高率といえると思います（平成24年4月末まででも72％）。話合いがうまくいかないと、労働審判委員会において裁判官と労働審判員2名

図表1　終局件数の概況

	18年	19年	20年	21年	22年	23年	計
調停成立	139	315	498	768	800	749	3269
審判	31	83	105	184	163	177	743
24条終了	5	16	15	32	22	19	109
取下げ	12	25	41	110	80	62	330
移送	1	1	2	3	3	3	13
回付						2	2
却下				3	11	1	15
計	188	440	661	1100	1079	1013	4481

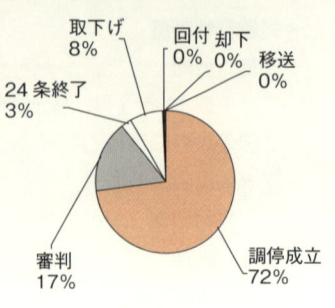

図表2　終局件数の概況
（処理別割合：平成21年まで）

で合議をして、こういう解決がよいのではないかという、労働審判と呼ばれる一種の決定を出します。そのうちの約3分の1が確定して、約3分の2は異議が申し立てられます。最近は3分の1よりもう少し多くて、確定率が約38％になっています。

　図表1の上から3つ目に、「24条終了」というのがあります。「24条」とは労働審判法24条のことで、そもそも労働審判で解決するのが無理な事件に適用されます。つまり、3回以内の審判手続では、大体こちらの勝ちだとか、こういう結論がよいのではないかといった適正な解決を図ること自体が難しい場合、「これはむしろ訴訟に行ってください。事案の性質上、労働審判にはなじみません」という判断を下して、労働審判事件を終了させるのです。これを「24条終了」と呼んでいて、2.8％あります。訴訟に移行する審判を出して異議が申し立てられたという事件は10.9％あるのですが、要するに訴訟に進む事件というのは、「24条終了」の2.8％と合わせて14％ぐらいになります（平成24年4月末まででは12.7％）。一方、調停成立は72％です。労働審判を出して確定するのが6％ぐらいですから、この数字を足しますと、約78％が労働審判の手続で完結して話合いがまとまり、調停調書または和解調書と同一の効力のある労働審判が確定しています（平成24年4月末まででは79.4％）。

　取下げは約8％あります（平成24年4月末まででは7.2％）。ここにある取下げが具体的にどのような理由によるものなのかはわかりませんけれども、事件

によっては、裁判外で和解ができる場合や、労働審判外で和解ができるという場合もあるようです。審判委員会が話し合って、「これは全く無理だ」、「成立する余地は全くない」とぽんと言ってしまうと、取り下げる当事者も時々おられますので、そういう意味では、8割を超える事件がこの労働審判で解決しているといってよいかと思います。

2 平均審理期間

図表3の「審理期間」には、東京地裁での平均審理期間は71.6日とあります（平成23年末まででは68.17日）。審理手続は原則3回ですが、2回で終わっている事件も割合たくさんあるというのが、図表4「終局期日」をご覧いただければおわかりになるでしょう。71.6日ですから、かなりスピーディーに解決されているといえます。審理期間の全国平均は確か74日ぐらいだったと思いますが、これが150日になるなんてことはありえないわけですね。なにせ審理手続は原則3回しかないのですから、大体は70～80日、長くても90日ぐ

図表3 審理期間（申立てから終局までの日数。ただし、取下げ、移送、回付、却下を除く）

・平成18年～21年の平均 71.6日

1～20日	4件
21～30日	8件
31～40日	178件
41～50日	293件
51～60日	309件
61～70日	371件
71～80日	314件
81～90日	263件
91～100日	163件
101～110日	132件
111日以上	154件
対象件数	2189件

・平成18年～23年の平均 68.17日

1～20日	5件
21～30日	48件
31～40日	464件
41～50日	693件
51～60日	673件
61～70日	738件
71～80日	583件
81～90日	453件
91～100日	305件
101～110日	209件
111日以上	254件
対象件数	4425件

図表4　終局期日（終局した期日の回数。ただし、取下げ、移送、回付、却下を除く）

・平成18年～21年

	1回	2回	3回	4回	5回	計
調停成立	360	694	609	55	1	1719
審判	50	128	211	11	2	402
24条終了	30	21	17			68
計	440	843	837	66	3	2189

・平成18年～23年

	0回	1回	2回	3回	4回	5回	計
調停成立		1007	1404	1001	89	8	3509
審判		146	282	344	26	4	802
24条終了	3	51	36	21	2	1	114
計	3	1204	1722	1366	117	13	4425

らいで終了します。比較的簡易迅速といえると思います。これからご説明しますが、3回で解決するということと、当事者にとって、どの程度納得のいく適正な調停を成立させていくことの兼ね合いを考えなければなりませんが、基本的には話合いによる手続に委ねる、そういう手続だとご理解いただければと思います。

3　事件数の推移

　図表5には、事件数の推移が示されています。東京地裁労働部が扱う全事件数は、平成14年、15年ごろには1000件ぐらいだったはずですから、「昔は楽だったんだな。いまや、労働部に来る事件は2300件だよ」という話になったりします。労働審判については平成18年は4月から12月までの合計件数が258件ですので、比例計算して、仮に1月から12月までの件数が344件とすると、平成19年はその1.4倍、20年は2倍と事件が増えてきて、制度発足4年目の平成21年には、当初の3.3倍の事件が来ていることになります。一方、仮処分と訴訟事件は一時若干減っています。実のところ、かつては、和解狙いの仮処分や訴訟もかなりあったのです。それが労働審判に流れて、一時的には減ったのですが、現在の経済情勢を反映してでしょうか、平成21年は訴訟も前年同月比で1.2倍、労働仮処分は1.8倍と、事件が激増しました。

　少し前までは、「労働審判が多くて、忙しくて大変ですね」といわれて「そうなんですよ」と返答していたのですが、最近は、「いえ、どうしてどうして。訴訟も増えていますよ」、「仮処分もたくさんあります」とお答えするような状

図表5 労働関係訴訟・仮処分、労働審判の新受件数の推移 （東京地裁労働部）

(注) 労働審判につき、平成18年の件数は4月から12月までの合計件数である。

況で、このような言い方は適当ではないかもしれませんが、たいへん繁盛しております。惜しむらくは、われわれ裁判官は繁盛しても収入は増えないというところです。1年ぐらい前までは、「髪を振り乱して僕も頑張っています」などといって笑いを取っていたんですが、最近は笑っているどころではなくなって、かなり深刻な状況になっています。

Ⅳ 労働審判手続の概要

1 労働審判手続の申立て

さて、手続の概要についての説明に移りましょう。

まず、申立ては、その対象を限定しています。すなわち、個別的労働紛争に限定され、労働組合に絡む事件あるいは公務員の関係、行政訴訟にかかわるものは対象外になります。事件の対象とならない、労働契約に該当しない、労働関係が存在しないというような事件は却下できます。制度発足以来、東京地裁

では2～3件しか却下した例はありませんが、そうしたイレギュラーな事件が来たら却下できるわけです。

　たとえば、セクシュアル・ハラスメントの被害を受けた労働者が、会社とセクハラ行為をした上司を訴えるというときは、その上司は使用者には当たらないものですから、これに対する申立ては理屈の上では却下されます。つまり理屈の上では、使用者は会社であり、会社との間に労働関係があるのであって、会社との個別労働紛争になるということです。そういった制度的な制約があるということは、申し上げておかなければなりません。

2　期日の指定と当事者の呼出し

　また、期日の変更、つまり第1回の労働審判期日の変更が、難しいということも申し上げておきます。制度上、そして法律上、申立てから40日以内に第1回の審判期日を入れることになっているのですが、これは基本的に励行されています。もちろん、年度替わりとか、夏休みの前後とか、年末年始とか、そうした時期は40日以内という枠を外れてしまうこともありますが、それ以外は、基本的には40日以内に期日を入れています。

　期日の変更は、非常に厳しくしています。それはどういうことかというと、労働審判員を選任した後に期日を変更すると、裁判官と申立人・相手方双方の弁護士、労働審判員の期日を、全部調整しなければならなくなってしまいます。これが極めて困難なのです。実務の運用に即して説明すると、裁判所は相手方となる会社側に、今後の見通しとして、弁護士を選任する予定があったらきちんと書いてくださいということを照会書でお願いします。すると、通常、大体1週間以内で会社から返事が来ます。そして、返事が来た段階では、まだ労働審判員は選任されていないのです。ですから、できる限り早い段階で、弁護士または会社の都合でこの期日では困るときちんといっていただければ、裁判官と両方の弁護士だけで第1回期日の調整をして、第1回労働審判の期日を指定し、その上で、その期日で差し支えない労働審判員を指定するという実務の運用をしています。そして、労働審判員を選任した後は、たとえ石が降ろうが、矢が降ろうが期日の変更を認めないという裁判所が多いと思います。これ

も実は裁判官によって若干違うところもないわけではないのですが、原則は、今、お話したような運用を行っています。

3　労働審判期日

　最大限3回の審判期日で何を行うかということについて、大まかなイメージを申し上げます。第1回は審尋をします。当事者の主張を確認して、事実を明らかにすることが目的です。会社側は、たとえば直接の上司や同僚、あるいは人事担当者のこともありますが、要するに関係者ですね。先ほど例に挙げたセクハラした上司とか、そういう人たちも基本的には来ていただいて、審尋を行います。審尋では双方の言い分を聞いて書証の説明をしてもらいますが、これには2時間ぐらいかかります。時間は割合と長めにとっています。

　こうして第1回目の期日で、大まかに労働審判委員会も心証をとって、場合によっては、心証にわたるところも当事者に説明します。そして第2回目の期日に、話合いについて双方の意見を聴き、可能であれば、労働審判委員会から調停案を出します。第3回目の期日には、会社と労働者のそれぞれが、その調停案を受け入れるか、拒否するかを決めてきていただいて、双方が受け入れるということであれば、3回目で調停が成立します。もし不成立であれば、最終的な結論としての労働審判を審判委員会で出して、2週間以内に異議があるかどうかをみます。労働審判の内容は、ほとんどの事件で先に出した調停案と同じになります。

　現在、この労働審判制度が割合と定着しつつありまして、第1回目の期日で、「いいから、調停案を出してくれ」と当事者双方からいわれることも、最近では珍しくなくなりました。そういわれると、審判委員会も「ああ、そうですか」ということで調停案を出し、第1回目で調停が成立するようなケースも時々あります。あるいは第2回目で調停案を出してまとまるというような事件もあります。一方で、最初から絶対話合いは嫌だといわれると、第1回目から心証に基づいて労働審判を出すというケースもあります。それが、図表4の統計数字に表れていると思います。以上、3回の手続の大まかな流れは、そういったところになろうかと思います。

POINT

＊労働審判手続の概要

①労働審判手続の申立て
　ⅰ）対象事件は個別労働関係民事紛争に限定、不適法な申立ては却下（法6条）
　ⅱ）申立て段階で、訴訟手続での人証の証拠調べの直前準備を行う：申立書の作成・提出、相手方への送付（規則9条、10条）

②期日指定と当事者の呼出し
　ⅰ）原則として40日以内（規則13条）に第1回の期日を指定し、事件関係人を呼び出す
　ⅱ）相手方も、可能な限り、訴訟手続での人証の証拠調べの直前の準備を行う：答弁書の作成・提出（規則16条）

③第1回労働審判期日
　ⅰ）当事者の主張を確認、事実関係の明確化を図る
　ⅱ）事件関係者である同僚・上司・人事担当者等も出頭
　ⅲ）申立てまたは職権により、必要な証拠調べが可能（法17条1項）
　ⅳ）通常は、書証の取調べ・審尋を行う（証人尋問・鑑定は行わない）

④第2回、第3回労働審判期日
　ⅰ）調停成立に向けた話合い
　ⅱ）当事者は、原則として第2回期日終了までに主張・証拠書類の提出を終える（規則27条）

⑤労働審判
　ⅰ）調停不成立の場合、合議の上で行う
　ⅱ）当事者間の権利関係を踏まえ、個別労働関係民事紛争の解決のために相当と認める事項を定める（法20条1項・2項）
　ⅲ）労働審判が確定→裁判上の和解と同一の効力（法21条4項）
　ⅳ）異議申立てあり→労働審判は失効、通常訴訟に移行（法21条3項、22条）

V　労働審判手続運用の特色

1　事案の解決に適切な調停案・労働審判を提示

　次に、労働審判手続運用の特色についてお話します。

　非訟事件なので、基本的には当事者の主張には拘束されず、処分権主義も弁論主義も適用はないという説明をしています。たとえば、具体的に私が担当した事件で、労働者側から、「使用者との間で労働契約が締結された。それなのに使用者は、全然私を労働者として受け入れないで、雇用を拒否するんだ。だから、民法536条の危険負担に基づいて賃金支払請求をする。地位確認をして賃金支払請求をする」という申立てがなされたことがあります。話を聞いてみると、どうも労働契約の締結自体にかなり無理があるようでした。けれども、労働審判委員会で合議をして、たとえば契約締結上の過失という理論によって使用者に対する損害賠償はある程度認められるかもしれないなと、そういう心証をもって、会社側の弁護士の方にご説明したわけです。すると、その弁護士は、顔を真っ赤にして、「裁判官、何を言ってるんだ。この申立書のどこにそんなことが書いてある？　契約締結上の過失がどこに書いてあるんだ？」というようなことをいわれました。そのような対応をされてもこちらは全然動じないで、「何を言っているんですか、先生。これは労働審判であって非訟事件なんですから、処分権主義の適用はないんですよ。弁論主義の適用もないんですから、早く損害賠償を支払いなさい」と応じました。こういう言い方は品がなくて誠に恐縮ですが、そういうふうに話合いによる解決をお勧めしたことがあります。

　また、解雇が無効であると主張する事件での申立ての趣旨は、労働者たる地位を確認して、未払賃金を支払いなさいというものになるわけですが、そのような事件でも、まず99％の事件ではいわゆる地位解消型の調停になります。つまり、退職をする代わりに解決金を払うというパターンの解決です。心証の度合いがかなり使用者側に不利で、労働者が勝ちそうだという事件は、解決金が高額になります。一方、とても労働者が勝てそうにないという事件は、かな

り低額になります。調停が成立しないで労働審判を出す場合でも、主文は地位解消型となる労働審判を出しています。

　厳密にいうと、会社への復帰を求める申立てであるにもかかわらず、地位解消型の調停をしていいのかということは、議論としてはあります。しかし実際に聞いてみると、当事者の90％以上の方は、「今さら復帰は難しいですね。人生を再出発するために地位解消型でいきます」というお考えのようです。おそらく処分権主義といった観点では問題がなく、そういう意味では極めて柔軟な解決を求めて労働審判を出している、事案の解決の適切な解決という観点からみて、極めて柔軟に手続を行っているといえると思います。

2　労働審判委員会主導の運営

　次に、事実の取調べですが、先ほども申し上げたように、審尋を中心に行っています。基本的に労働審判委員会が、少し口はばったい言い方ですけれども、主導させていただいています。通常訴訟に見られるような当事者による主尋問、反対尋問という形ではあまり行っておらず、基本的には、裁判官ないし2名の労働審判員が分担して、労働者や会社の上司から事情をうかがっています。

　たとえば、私の場合は、代理人である弁護士の方には、クライアントとの応答を聞いていて、うまくかみ合っていないとか、意図を誤解していると思ったら、遠慮なく介入して尋問してくださいとお願いしています。「さっきの質問の趣旨はこういうものなんだよ」というふうに、なるべくクライアントの言い分がきちんと労働審判委員会に伝わるように工夫してくださいと、お願いしています。

　いわゆる主尋問、反対尋問を行うと、非常に長い時間がかかり、その過程で相互に感情的になったりすることで、話合いが遠ざかってしまいますので、基本的には、裁判官と審判員——裁判官によっては審判員を中心に質問をしてもらっているようですし、審判委員会それぞれのやり方があろうかとは思います——が、ポイントとなるべき部分、争点に関する客観的な事実を淡々と質問します。どこまで淡々とできるかというのは意外に難しいところもあって、「あ

なたの質問のどこが淡々としているんだ？」と、ある弁護士の方に怒られたことがありますけれども、少なくとも私の主観としては客観的な事実を押さえて淡々と質問しているつもりです。

　良いとか悪いとか、評価としてこういうものが適切だったとか、労働基準法に違反しているとか、そういう話は当事者双方がいる場ではあまりせず、むしろ個別に話合いをお勧めする局面で、適切か否かの評価に関する意見、法律に違反しているかどうかを審判委員会から説明するようにしています。とにかく審尋では、判断の基礎となる客観的な事実が当事者や関係者から明確に出るように、淡々と客観的な事実を質問することを心がけ、実践しています。

　弁論主義は適用されないと、先ほどは思わずいってしまいましたが、そもそも非訟事件手続において弁論主義とは何なのか、私は不勉強なものでよくわからないのです。しかし、要するに、当事者双方がいる場で淡々と事実に関する質問をして、そこで出てきた情報を基にして、この事件は申立人が勝ちそうだとか、会社のほうが勝ちそうだというように、その局面での結論を決めるものの、今後、仮に訴訟に移行すると、この席では出なかった証拠が出たりする等の敗訴リスクがあるとか、あるいはこちらが少し優勢だけれど、双方いい勝負かもしれないと、大体そういうような判断をします。そして、話合いの時には、さらに、それらの質問して出てきた答えを材料にして説得をしているわけです。ですから、これも広い意味では、弁論主義に基本的に違反しないで調停を行っているといえるのではないかと、私は思います。

3　当事者の自己責任の要素の高さ

　それから、当事者の自己責任の要素の高さについてお話します。労働審判では、第1回期日で審尋をして、そこで事実の取調べ的なことはもう済んでしまうわけです。そうすると、当事者の事前準備がうまくできているかどうかによって、審判委員会の心証が大きく影響されるという側面があります。それを良いと評価するか、悪いと評価するかは、何とも申し上げようがないところではありますが、基本的には話合いがベースの手続で、それが嫌なら異議を申し出ていただくというのが審判手続です。真剣勝負の第1回の審尋の期日で、事前

準備で揃えた情報に基づいて答えてもらって、われわれもそれらに基づいて心証を大まかに固めているので、そういう意味では、第1回期日に向けての準備の巧拙によって、結論に割合と大きく影響しうる制度だといってよいと思います。裁判官という立場から見ても、そういった印象をもつところがあります。それは、この手続の特色の1つだと申し上げることができると思います。

4 合議による事件解決への見通しの的確さ

しかし、そうはいっても、裁判官1名と審判員2名が、事件の生の事実を実際に当事者双方から聞いた上で出した結論をみると、これは別に労働審判制度を擁護するという意味でも、手前味噌という意味でもなく、異議申立てがあれば裁判も行われるわけですから、不適切な結論というのはあまりないと思います。証拠を揃えるという意味での準備が不十分だったのだなと思うことは時々ありますが、バランスの悪さというのがありませんし、やはり3人で合議しながら出した結論というのは、後の訴訟をみても、それほど不適切な結論になっていることはあまりありません。

以上が、手続の特色になろうかと思います。

> **POINT**
>
> *労働審判手続運用の特色
> ①当事者の訴訟物の選択・法律構成・主張に拘束されない、審尋の結果に基づく、適切な調停案および労働審判
> ②労働審判委員会の主導による事情聴取
> ③当事者の自己責任の高さ → 事前準備の巧拙が労働審判委員会の心証に影響
> ④合議による事件解決 → 見通しの的確さ、バランスのとれた解決案

VI 代理人としての準備のあり方

1 基本的な準備のあり方

　さて、おそらくここからが大事なところだと思いますが、まず、準備をどのようにすればよいのかということについて説明しようと思います。

　少し抽象的な話で誠に恐縮ですが、大まかにいうと、ポイントは2つあります。1つは、とにかく言い分をきちんと労働審判委員会に理解させることです。なるべく早い段階で、とにかく判断者を自分の味方に引き入れるというのが、弁護士の立場からは決定的に重要だということになろうかと思います。通常の訴訟においては、自分に不利なことは相手にいわせて、再抗弁ではないのですが、第1準備書面でいえばよいといったプラクティスが時々見られます。私の個人的な感覚では、訴訟の段階でも労働審判と同じで、1日も早く裁判官をこちらの味方に引き入れるために、事前に十分な準備をして、早め早めに情報を発信するほうがよいのではないかと思います。ただ、訴訟は何回か争点整理をしますので、そういう意味では、向こうにいわせた後にこちらから反論するといった形のプラクティスもありうるかもしれません。

　労働審判は、繰り返し申し上げているとおり最大限3回で、第1回の審尋期日で概ね勝敗の帰趨を決めてしまうところがあります。労働審判規則9条をご覧いただくと、相手がこういうことを主張してくるだろうとおおよそ予想して、それに対する反論も申立書に明確に書いてくださいということが定められています。労働審判制度は、申立人が相手方の主張もきちんと予想してそれに対する反論をしておくことが、当然のものとして予定されているわけです。

　私が担当した事件で、労働基準法の解雇理由証明書を取っていて、割合に具体的なことがその証明書に書いてあるのにもかかわらず、申立書のどこを見ても、それに対する反論が書いてないという例がありました。なぜ、こういう申立書がありうるのか、私には不思議で不思議で仕方がありません。使用者が交付した解雇理由証明書を持っているのなら、「いや、こんな事実はないんだ」、「ここのところは、会社が針小棒大にいっているに過ぎないのだ」とか、「完

全なでっち上げだ」ということもあるかもしれませんし、「いや、これには、かくかくしかじか、こういう理由があって、私だけの責任ではないんだ」とか、きちんとそうした反論を申立書段階でしておくというのが、おそらく労働審判制度の建前です。実際、私が労働審判員の方々と合議を行っていると、「この申立人は、何でこんな重要なことをいわないんだろう」という話になることがあります。

　会社側が、この労働者の解雇についてはこういう非違行為があったとか、不都合な点があったというように具体的にいってきたら、「えっ、そんなことをいっているんですか？」と労働者が驚けばよいのですが、よくわかっているという感じで反論するんですね。そうすると、「何で最初からこれを書かないんだ？」と労働審判員がいうわけです。私は裁判官を二十数年務めておりますので、弁護士の方々の中には不利なことは相手にいわせてから反論するというタイプの方もいらっしゃると思っているのですが、後からいろいろと反論すると、労働審判員は、「いかにも、これは言い訳がましいな」という印象を非常に強く持つ場合が多いようです。これは、念のために申し上げたほうがよいと思います。

　私は修習生指導も担当していますが、いつも修習生に向かって、「言い訳はするな。言い訳をする者で立派な仕事ができる者はいない」と強くいっています。労使を問わず、労働審判員と議論していると、どこの組織でも、非常に言い訳がましく映ると損をするのだなと感じることがあります。

　合議の中身は秘密なものですから、個別の話ではなくて一般論として申し上げていますが、こうしたことをご承知いただかないと、弁護士の方には「ええっ！」と驚かされることがあるかもしれないと思い、心からご忠告申し上げます。もちろん、クライアントによっては、なかなか反論をしたがらない場合があるかもしれませんが、相手方はこういうことを主張してくるだろうといったことがあったら、なるべく早くから出して、反論・反駁しておくことを、強くお勧めしたいと思います。

　もう1つのポイントとしては、話合いの姿勢について基本的なスタンスをきちんと練っておくべきことを、強調しておきたいと思います。たとえば、弁護

士の方だけをお呼びして、「どういうスタンスで、この事件を進めていかれるおつもりでしょうか。見通しを聞かせてください」といったところ、単に、「一応、申し立ててみました」などと答えられると、「おいおい、これは困ったな」と思うわけです。労働審判員には、もちろんリタイヤした方もいらっしゃるのですが、現役で活躍されていて非常に忙しい方にも無理をいって務めていただいている場合が多いです。そういうところで、「一応申し立ててみた」などといわれると、私は裁判官ですのでもちろん法曹の仲間だという意識はありますが、率直にいって、審判員によっては「何だ？」と思うところもあるのではないかと思います。

　たとえば、「この事件はこういう方向で話合いをしようと思っている」とか、「今の段階では少し難しいけれど、必ず労働者（あるいは会社）を説得するので、次回、話合いのスタンスを述べさせてほしい。その上でどうするかを決めたい」とか、「今日の段階で調停案まで出してもらうと、説得の都合上困るけれども、むしろ、当事者双方の話を聞いた審判委員会が大体どういう心証をもっているのか聞かせてもらって、それを基にして、会社（あるいは労働者）を説得してみようと思う」とか、そのように具体的意向を示していただけるとよいと思います。先ほども少しお話しましたが、労働審判という制度が４年経って割合に定着してきたので、第１回目から早く調停案を出してくれといわれる事件もあります。もちろん、事前に用意してきたスタンスどおりうまくいくとは限りませんが、結果はともかくとして、こういうスタンスをもって、こういう話合いを、こういうプロセスで進めたいというような、自分なりの戦略を練り、われわれ労働審判委員会をどういうふうに利用するかという観点で作戦を立てて、それをクライアントとも相談していただくことが、おそらく一番大事であろうと思います。

　ごく当たり前のことを申し上げているようですが、特に平均審理期間72日という短期決戦なものですから、以上に挙げたポイントが重要になってくると思います。これが訴訟であれば、１年の過程のどこかで行うということがあるかもしれませんが、労働審判は短期決戦なので、事前のクライアントとの相談はより的確に行う必要があるでしょう。どのような労働審判委員会の利用の仕

方が、クライアントにとって不利益を最小限に食い止めることができるのかに留意しつつ、最終的にクライアントの納得のいく形で紛争を解決するためには、どのように進めるべきなのかについて十分に戦略を練っておくことが、ほかの事件以上に大事になってきます。その点が強調しておきたいところです。

2 準備の具体的な方法
(1) 労働審判手続申立書と答弁書の充実

　労働審判において何が一番大事かと問われたら、申立書と答弁書を重視してくださいと、私は申し上げたいと思います。審判手続の基本的な構造として、労働審判官である裁判官も労働審判員も、申立書と答弁書は十分に精読しています。この点、ご信頼いただいて結構かと思います。その際、具体的にわれわれが何を行っているのかというと、まず当事者双方の主張の構造を理解した上で、それに労働法を適用し、審尋では、おそらくこのあたりを質問してこのあたりを答えてもらえれば、大体この事件の実相がつかめるのではないかなと、申立書と答弁書をためつすがめつ読んでは作戦を練っているわけです。ですから、申立書と答弁書はきちんとした法律構成をして、ポイントとなるべきことをきちんと押さえ、しかも、書証の大事なところは引用する等して、書証のここを見てもらえればわかりますよという形に整えておくとよいと思います。裁判官と労働審判員を1日も早く自分の味方に引き入れるべく、申立書と答弁書の記述はできる限り充実したものに仕上げていただくというのが、おそらくは一番大事になります。

　実は、私が執筆いたしました『労働関係訴訟』（青林書院・2010年）の中に、申立書と答弁書のひな形を書いてみました（資料1-②・1-③、113頁以下参照）。これは、同書の第3章で私が創作した事例を前提に書いたものです（資料1-①、110頁以下参照）。労働法の法律上の論点を満載した事例となっておりますので、ちょっとリアリティーに欠けるかもしれませんが、参考にしていただければと思います。

⑵ 書証のあり方

　前述したような意味では、書証はややサブ的なものといいますか、補充的にチェックを行うものとして、われわれは取り扱っています。率直にいって、判断するのに、100頁以上もあるような書証を十分検討しなければ結論が出ないというような事件は、そもそも労働審判に持ち込むこと自体が間違っているわけです。労働審判は、最大限3回の期日で話を聞いて一応の結論を出し、それに従って話合いの解決に導くという手続です。それゆえ、大部の書証を精読しないと判断がつかないような複雑な事件は、最初から訴訟に行っていただかざるをえないのです。

　ですから、たとえば、就業規則の大事な部分は申立書や答弁書に入れ込んでいただくとか、労働契約書あるいは求人票、それから「これを見てください。賃金はこういう構造になっています」というように特に問題となるところを、可能であれば申立書と答弁書に引用していただけると、非常にありがたいのです。われわれは、書証はチェックという形で用います。確かに就業規則ではこうなっているなとか、賃金台帳や明細書はこうなっているなと、申立書や答弁書の内容と照らし合わせてチェックするわけです。あるいは、最近では、証拠として電子メールが山ほど書証に載せられていることがありますが、弁護士の方によっては、電子メールの必要なところにマーカーを引いていらっしゃいます。「この電子メールの、ここを見てください。当事者が過去こういう意思だったことは明らかです」といったことを申立書に書き、その上で書証に載せた電子メールの該当箇所にマーカーを引いておいていただけると、われわれとしても、「ああ、そうか」という感じで容易にチェックできます。そういう意味では、申立書と答弁書を十分に充実させていただいて、書証はチェックに使うというのが、われわれにとっては理想の形です。

⑶ 陳述書の要否ないし役割

　こういう話になると、「陳述書はどうすればいいんでしょうか」という質問が、弁護士の方との協議会でもいつも出されるのですが、陳述書は、一言でいうと、労働審判においては必ずしも必要ではありません。陳述書を充実させる

ぐらいだったら、申立書と答弁書をより充実させてくださいと、おそらく労働部の裁判官全員がそう思っていると申し上げたいです。私個人の感覚で率直にいうならば、陳述書は提出されていてもあまり読んでいません。そういうことをいっては駄目なのですが、私よりむしろ審判員の方のほうがよく読んでいると感じることがあります。

　もし陳述書を付けるとしたら、たとえば、会社側の代理人の立場でいえば、その審判の期日に担当者がどうしても所用があって来られないというようなときには、もしかしたら必要になってくるかもしれません。そういうときは、「担当者が来られないけれども、陳述書をぜひとも読んでくれ」と書き添えておいていただけると、よいかもしれません。ただ、これは事案によります。書面で見るのと、実際にその人から話を聞くのとでは、やはり心証の度合いが違ってきますので、可能な限り、担当者ご本人に来ていただきたいのです。しかし、どうしても出席できないということもあるでしょうから、そういうときは陳述書が比較的機能するのではないかという感じはします。実際には、この人さえ来なければこちらが勝ったのにという場合や、逆に、会ってみてこっちの負けだと確信するという場合もないわけではありませんが、基本的には来ていただき、直接お話をうかがいたいです。そして、それが無理なときには陳述書を提出していただくとよいと思います。

　実務的には、申立書と答弁書には、とにかく法律上のポイントをきちんと把握して、それに必要な情報を網羅的に盛り込むことが重要です。法律上の論点とはなりえないけれども、当事者が非常にこだわっているというような部分は、むしろ陳述書に譲るというやり方もあるかもしれません。実際、この申立書のどこがポイントなのか全然わからない、という事件もあるのです。裁判官と労働審判員が何を質問すればよいか、これらを必死になって読んで作戦を練るという観点から、申立書と答弁書を準備していただくという意味では、当事者がこだわるけれども法律上のポイントからは外れるところは、なるべく陳述書に譲ってもらうというやり方も、実務に即した対応といえようかと思います。

(4) 出頭する関係者

　それから、繰り返しになりますが、関係者の出頭については、特に会社の場合はそうですが、上司や人事担当者など関係のありそうな方は、なるべく出頭を求めるべきだと思います。

(5) 審尋への対応

　また、審尋の際の応答の要領についてのアドバイスを、当事者にされたほうがいいかもしれません。われわれは、割合と端的に客観的事実を淡々と聞くのですが、それに対して、当事者が関係のないことをワーッと話し出すということがあります。われわれは裁判官なので、そのあたりの感覚はいまひとつよくわからないのですが、弁護士の方であれば、クライアントの顔を思い浮かべながら、われわれには事件と無関係と思われる発言をしたいという気持ちは理解しやすいかもしれません。ただ、後で審判員と合議をすると、そうした当事者の発言は、「こちらの質問をはぐらかしたのではないか」という心証をとられている場合がありますから、そのような危険性は理解しておくべきだと思います。

　そういう意識をお持ちの審判員はかなり多いですし、私もそう思うことがあります。「ここのところは非常に端的に聞いているのに、何でそこだけ答えようとしないんだろう」と感じるのです。裁判官というのは非常にひねくれておりまして、陳述書を読んでいても、「何でこれが書かれていないのだろう」と、書いていないことに意識が向かいます。実は私自身、書いていないことが一番有力な証拠なんだと、時々若い裁判官に解説したりもします。質問して答えないと、「きっとはぐらかしているんだな」と思われても仕方がないことになるという点は、クライアントと事前に打ち合わせをするときには、十分に配慮され、アドバイスされるとよいのではないかと思います。

VII 合理的な手続選択

　今日、行政上のADRが非常に発達しており、そのあたりも説明しようかと思っていたのですが、この後、第2部「厚生労働省労働局における紛争解決の実情」として厚生労働省の方からもお話があるようですし、第3部において、経験豊富な労働者側、使用者側のそれぞれの弁護士である、水口先生、和田先生から、手続選択についてのお話があるということですので、そちらに譲りたいと思います。

1　労働審判手続に適した事件

　手続選択という大事な点について、少し触れておきたいと思います。たとえば、およそ支払金額だけの問題で大きく対立がないという事件を、労働審判に持ってこられるのはどうかなと、個人的には思うことがあります。そういう事件は、もしかしたら、簡易裁判所の民事調停のほうがうまくいくかもしれません。実は、簡裁裁判所でも労働事件をある程度扱ってもらえるかといったことについての打合わせを、今準備しているところです（現在は、東京簡易裁判所で、労働事件に詳しい弁護士の民事調停委員を選任する等して、労働事件に対応できるようにしています）。基本的に大きな争いがなくて金額だけの問題という事件は、弁護士を代理人として立てない本人訴訟の中に時々見られるので、やはりそういう事件は、民事調停のほうが適確なのかもしれません。

　それから、会社が絶対話合いは嫌だと主張する事件もあります。たとえば、解雇されている労働者側が、基本的には原職復帰でなければ絶対嫌だと、復帰以外はありえないと主張するような事件は、おそらく、話合いベースの手続である労働審判では、解決が非常に難しいでしょう。そういう事件であれば、訴訟のほうが選択肢として正しいと思います。

　非常に抽象的な言い方になるかもしれませんが、労働審判が一番適確な事件というのは、労働者も使用者も基本的には話合いによって解決したいと思っている、公式見解は違っていても、本音では少なくともそう思っていて、しか

し、いかんせん折り合いをつけようという金額の差があまりにも激しくて、どうも第三者に判断してもらわないとなかなか調整がつかないという場合、たとえば、会社は賃金1カ月分を支払うといい、労働者側は12カ月分でなければ駄目だといって、全然話合いのきっかけがつかめないという事件などが、労働審判に最もなじむ事件だと思います。

2　仮処分について

　仮処分も最近増えてきました。労働審判の第1回期日は申立てから原則40日以内に行われますが、仮処分だと大体2～3週間で期日が入るので、弁護士の方によっては取掛かりが早いといって、申し立てられたりします。ただ、仮処分は記録化してもらわないといけないものです。労働審判は申立書と答弁書が出たら、あとはそれで勝負となりますが、仮処分は決定を書かなければいけません。陳述書で審尋の結果をきちんと書いておいてくださいとお願いして、決定をしなければいけないので、そこのところは少し厄介なところがあります。

3　労働審判手続に適さない事件

　最後に、労働審判手続によることがあまり適切でない事件について、少し具体的にお話します。

① 使用者と労働者との間で複数の紛争が存在している場合で、その中の1つだけを申し立てるような場合——他の紛争は別の手続に委ね、紛争の一部を労働審判によって早期に解決するということは、相手方に、他の紛争を残しつつも当該申立てにかかる紛争に限って話合いを成立させようという有力な動機が存在しない限り、適切ではありません。

② 争点が複雑かつ困難で、1～2回の手続で双方から口頭で事情を聞く程度では、労働審判委員会が心証を持つことが困難であるような事件——たとえば、整理解雇事件や就業規則の不利益変更が重要な争点であるような事件がそれにあたります。

③ 時間外労働による割増賃金請求の事件で、労働時間に大きく争いがある事件——争いのある労働時間を個別に確定するのに長時間を要するので、

一般的にいえば適当ではありません。しかし、双方の当事者が早期の解決を望んでいて、双方が労働時間に関する共通のベースに立っている場合、たとえば、始業時刻の考えに関する争い、当該労働者が管理監督者に該当するか否か、残業代の支払方法等が争点であって、その点さえ解決すれば、労働時間や単価に大きく争いがないような事例であれば、話合いによる解決を図ることは可能になってきます。

④　医学的知見等の専門的知見が、紛争の焦点になっているような事件――たとえば、労災事件や精神疾患等の現在の傷病が業務に起因しているか否かが最重要の争点である事例。

⑤　当事者が複数いる事件――申立ての段階で、申立人の認識としては、争点が共通であるとしていても、客観的には、共通の争点と個別の争点が混在している事例がほとんどです。また、相手方からの答弁書が提出されると、争点が申立人ごとに異なる場合も多く見られます。このような場合、個別の争点ごとに事情を聞くと、3回の手続で対応することが困難になります。また、争点に一定の共通性があるからといって、話合いのベースが共通であるとは限りません。個別に申し立てていれば、迅速な解決を図ることができた可能性が高いのに、複数人による申立てが行われたために、話合いが決裂する場合も少なくありません。その意味でも、当事者が複数の事件は、個別に申し立てるほうが、紛争の迅速な解決を図ることができる可能性が高くなります。

⑥　相手方の住所、居所、営業所等の所在が不明である場合――当事者が出頭できなければ、そもそも話合いをベースとする労働審判手続での解決は困難ですし、申立書を公示送達する手続もないことから、最初から民事訴訟手続によるほうが適切な手続選択であるといえます。

　上記の①～⑥のうち、⑥のそもそも送達ができないというのは、訴訟に移して公示送達してもらったほうが早いと、一言でいうと、そういうことになります。①のように複数の、つまり別訴があって、カウンターパンチで反訴でなくて労働審判を選択しましたといわれても、大体話合いはうまくいきません。

②〜⑤は、一般的によく挙げられるものです。就業規則の不利益変更や整理解雇、時間外労働をめぐる紛争等、厳密に1つ1つ事実認定しろといわれるとかなり難しい類型は、労働審判には向かないでしょう。あるいは、医学的知見が紛争の焦点になっているものも同様です。たとえば、精神疾患やうつ病が業務に起因しているかどうかなどは、医師でもなかなか判断が難しいところがあるわけです。また、当事者が複数で、話合いではなかなかうまくいかないという場合もあります。

　ただ、②〜⑤については、「これは24条終了でいってもいいかな」という判断はしても、一応、会社側の意見を聞いて、もし会社が、「話合いにより非訟事件、非公開の段階で解決したいです」というスタンスであれば、粘り強く話合いをお勧めしています。逆に、会社が、「いや、駄目です、こんなものは。絶対話合いはしません」といってくれば、24条終了であっさり終わってしまうことになります。そういうプラクティスをしています。冒頭にお話しましたが、労働審判は、裁判所も「逃げられない」制度ですから、可能な限り、話合いは粘り強く取り組んでいます。ただ、会社が話し合うつもりがなければどうしようもない、そういう手続なのです。

　以上、簡単ではございましたが、労働審判制度の運用と適切な手続について説明をさせていただきました。

Ⅶ　合理的な手続選択　　27

第 2 部

厚生労働省労働局における紛争解決の実情
― 労働局の個別労働紛争解決制度について ―

岸本　武史　(厚生労働省大臣官房地方課労働紛争処理業務室長〔2010年当時〕
現：東レ株式会社CSR推進室)

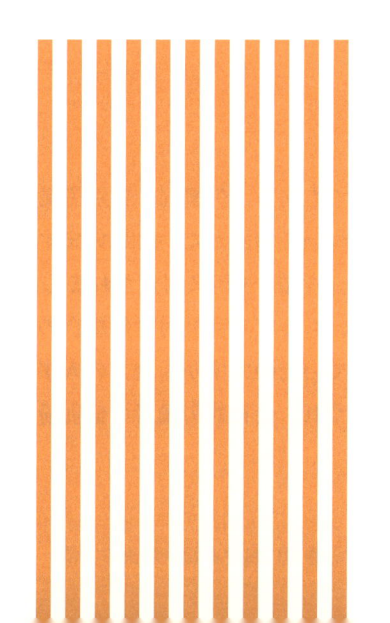

I　はじめに

　厚生労働省大臣官房地方課労働紛争処理業務室長を務めております、岸本武史と申します。本日は、行政 ADR の一種である、「労働局」という厚生労働省の地方出先機関において個別労働紛争解決促進法に基づき運営している紛争解決制度の現状を中心に、どのようなことを、どのような仕組みで行っているのかについて、個別労働紛争と ADR の上手な利用方法の一環として、ご説明したいと思います。

　弁護士である皆さんには、法律相談の中で相談者にアドバイスをなさる局面とか、あるいは、この労働局の紛争解決制度にはあっせんという仕組みがありますが、その中で一方当事者の代理人を務められる局面で若干かかわりが出てくる場合があろうかと思います。そういう場合に備えて、関連制度として1つ頭の片隅に置いておいていただければと思います。

　また労働局では、別の法体系、すなわち男女雇用機会均等法やパートタイム労働法に基づく、少し仕組みの異なる紛争解決制度も備えていますので、その制度もご紹介したいと思います。あわせて、都道府県府県庁で最近始められた個別労働紛争のあっせんや、従来から行っている相談についても簡単にご紹介できればと思います。

II　制度の趣旨

　最初は、私たちの本務でもある、労働局の個別労働紛争解決促進法に基づく個別労働紛争解決制度についてお話したいと思います。

　個別労働紛争解決法は、平成 13 年に制定されました。第 2 次世界大戦後、当初は労働紛争といえば、もっぱら会社対労働組合の集団紛争を念頭に置いてさまざまな法制度を作っていたのですが、企業の人事管理の個別化や長期安定雇用の縮小などが進むにつれ、会社対労働者の個別紛争にシフトしてくるとい

うトレンドが底流としてありました。

　また、特にこの法律が制定された平成13年というのは、完全失業率が5％を突破した前回の不況のピーク直前で、連日のように国会でリストラに伴う配転・解雇・転籍といった問題が取り上げられていましたが、当時は、こういう仕組みができる前ですので、「行政としては、民事問題には関知いたしておりません」という答弁をするばかりでした。しかしながら、強制力をもたない範囲で、相談や助言・指導、あっせんまでならば行政としても一定の対応が可能ではないかというように考え方を転換して作ったのが、この制度でした。

III　制度の概要

　まず、個別労働紛争解決制度の仕組みと運用の流れについてですが、図表1をご覧ください。企業の中で、労働者個人と事業主の間で紛争が発生したとき、自主的に解決がなされればそれがもっとも好ましいわけですけれども、そうでない場合の駆け込み先の1つとして、都道府県労働局という厚生労働省の地方出先機関に「総合労働相談コーナー」を置いています。都道府県労働局というのは、その名のとおり各都道府県の県庁所在地に1カ所ずつ設置している厚生労働省の機関で、個別労働紛争制度のほか、労働基準監督署や公共職業安定所の運営・管理など、地方における国の労働行政を担っています。

　総合労働相談コーナーは、都道府県労働局本体とその下に付属している労働基準監督署のそれぞれに設置されており、全国で平成22年3月現在で385カ所あります（平成24年4月現在382カ所）。詳しくは各労働局のホームページに総合労働相談コーナーが載っておりますので、必要に応じてご覧いただければと思います。

1　総合労働相談コーナーでの相談の振分け

　さて、総合労働相談コーナーには、労働問題に関するあらゆる相談が持ち込まれてきます。図表2によると、平成20年度は約108万件の相談が持ち込ま

図表1　個別労働紛争解決システム

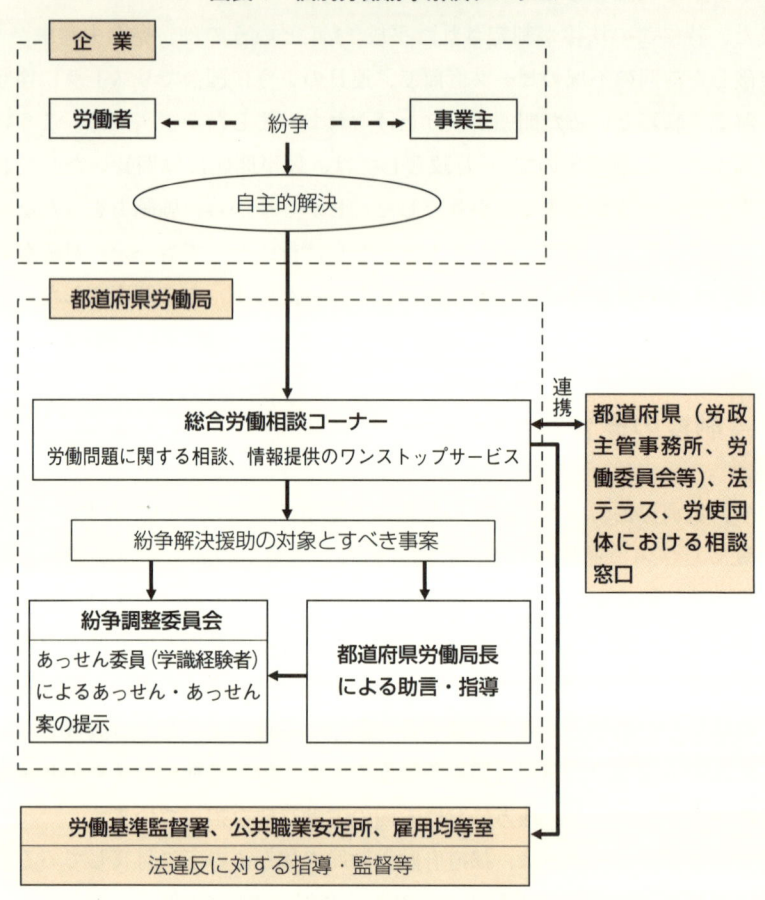

```
┌─ 企　業 ──────────────────────────┐
│                                                │
│   労働者  ← ─ ─ 紛争 ─ ─ →  事業主           │
│              ↓                                 │
│         （自主的解決）                         │
│                                                │
└────────────────────────────────┘

┌─ 都道府県労働局 ──────────────────┐
│                                                │                都道府県（労政
│   総合労働相談コーナー                    │ ← 連携 →    主管事務所、労
│   労働問題に関する相談、情報提供のワンストップサービス │             働委員会等）、法
│              ↓                                 │                テラス、労使団
│   紛争解決援助の対象とすべき事案       │                体における相談
│         ↙        ↘                       │                窓口
│  紛争調整委員会   都道府県労働局長 │
│  あっせん委員（学識経験者）  による助言・指導 │
│  によるあっせん・あっせん              │
│  案の提示                                  │
│                                                │
└────────────────────────────────┘
        ↓
   労働基準監督署、公共職業安定所、雇用均等室
   法違反に対する指導・監督等
```

れたことがわかります（平成23年度は約111万件）。あらゆる相談と申しますのは、多くの相談者は、自分が抱えている問題が労働基準法の問題なのか、労働者派遣法の問題なのか、あるいは純然たる民事問題なのか区別がつかない場合が、少なくとも私どもの機関においては圧倒的に多いので、会社対労働者の紛争であればどんな内容でも、まずは総合労働相談コーナーでお話をうかがうという形にしています。いわば、そういう振分けを総合労働相談コーナーで行うことになります。

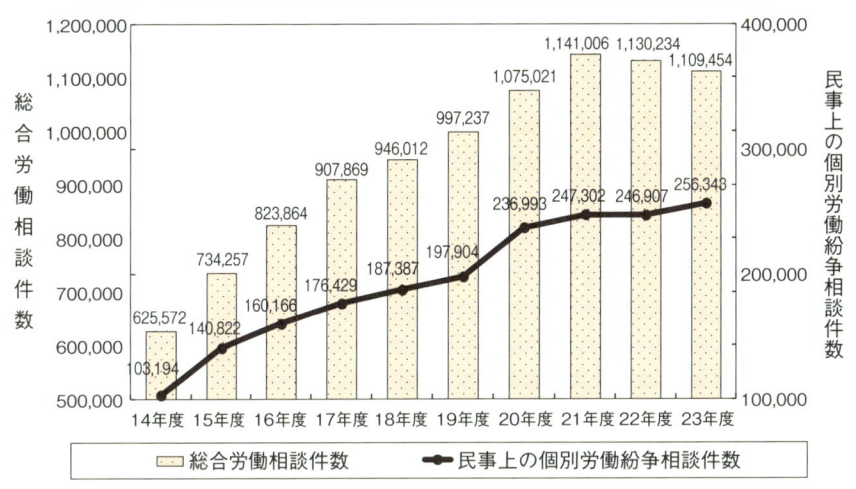

図表2　総合労働相談件数および民事上の個別労働紛争相談件数の推移

年度	総合労働相談件数	民事上の個別労働紛争相談件数
14年度	625,572	103,194
15年度	734,257	140,822
16年度	823,864	160,166
17年度	907,869	176,429
18年度	946,012	187,387
19年度	997,237	197,904
20年度	1,075,021	236,993
21年度	1,141,006	247,302
22年度	1,130,234	246,907
23年度	1,109,454	256,348

(注) 民事上の個別労働紛争とは、労働条件その他労働関係に関する事項についての個々の労働者と事業主との間の紛争である。

　こうした108万件にも及ぶ相談を振り分けてみると、実は多くの案件が、労働基準監督署や公共職業安定所といった、労働基準法や雇用保険法、労働者派遣法等の個別労働法規を施行する機関が管轄する法違反の事案か、さもなくばごく簡単な法制度に関する問い合わせで、関係条項をお答えして終わりというような相談のどちらかに該当します。管轄する他機関に送付するもの、簡単に法規定などを教示して終わるものを除いた、総合労働相談コーナー自身が引き続き紛争解決援助にあたる民事問題は、平成20年度は約24万件ありました（図表2参照。平成23年度は約26万件）。ですから、80万件ぐらいは総合労働相談コーナーでいったん受けて振り分けた結果、他機関に回るか、法規定などの教示で完結しています。

　私どもに寄せられる労働相談で一番件数が多いのは、解雇相談です。解雇相談を例にとると、ご承知のように、30日前に予告をしなければいけないというのは労働基準法の問題です。一方、解雇理由について、解雇されるような落ち度が自分にはないので納得できないというような、解雇権濫用法理に関する紛争は民事問題になります。前者の解雇予告の問題は労働基準監督署の権限行

使の対象であり、後者の解雇理由をめぐる紛争は民事問題で、これは監督署には送付できませんので総合労働相談コーナーが引き続き相談に応じます。実際の相談ではこの両者が混在するケースが非常に多くあります。そういった混在ケースを、同じ労働局という機関の傘下にあることから、解雇予告を取り扱う労働基準監督署と民事問題を取り扱う総合労働相談コーナーがよく連絡調整しながら、相談者があっちへ行ったりこっちへ行ったりしないですむように、一体的に相談にのれるというのが、労働局の紛争解決の仕組みの特色であろうかと思います。

2　都道府県労働局長による情報提供、相談等

　総合労働相談コーナーで受けることになりますと、相談や情報提供というのが最初のサービスとしてあります。相談者に対して、たとえば解雇であれば、これはどんな相談でも一緒かと思いますが、紛争自体の5W1Hといいますか、いつ、どこで、誰から解雇を言い渡されて、そのときにどんな理由が説明されたか、そういうことを時系列的に整理しながら相談員が聞き取り、そして、求める解決内容が何なのかということをうかがいます。復職を求めるのか、金銭解決を希望するのかという点は当然お聞きしますが、総合労働相談コーナーに来られる方の場合、「まず社長と1回腹を割って話がしたいんだけれど、社内で話合いができない。そこを口添えしてもらえないか」というようなレベルの相談もあることが1つの特色かなと思います。

　そういった相談内容を聞き取って、解雇であれば、労働契約法の関係規定や主要裁判例を説明し、コピーなども差し上げると、たいていの相談者は、「これを材料に一度会社と話し合ってみます」といってお引き取りになります。実は、24万件の大半、22万～23万件はそういった形で完結しています。しかし、さらに踏み込んだ手続をもう2つ、制度の中で用意しておりまして、それが「都道府県労働局長による助言・指導」と「紛争調整委員会によるあっせん」という仕組みです。

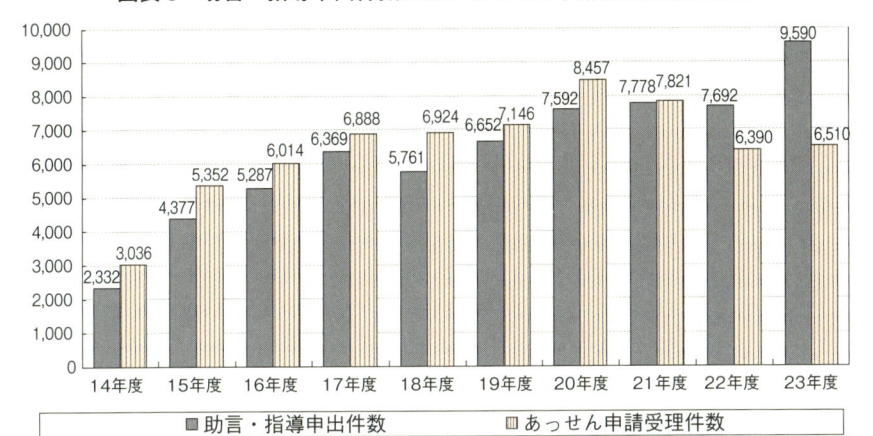

図表3 助言・指導申出件数およびあっせん申請受理件数の推移

年度	助言・指導申出件数	あっせん申請受理件数
14年度	2,332	3,036
15年度	4,377	5,352
16年度	5,287	6,014
17年度	6,369	6,888
18年度	5,761	6,924
19年度	6,652	7,146
20年度	7,592	8,457
21年度	7,778	7,821
22年度	7,692	6,390
23年度	9,590	6,510

3　都道府県労働局長による助言・指導

　まず、助言・指導についてです。これは、私どもの用語法の整理になりますけれども、労使の一方から（約80％が労働者から、十数％が使用者から）相談があった場合、相談があったのと反対側の当事者にものを言っていくことを、法律上「助言・指導」と呼んでいます。

　助言・指導の内容は、事案により千差万別です。たとえば、労働条件変更の事案については、労働契約法の就業規則変更法理の規定を説明した上で、「仮に裁判になれば、こういう形で合理性が判断されますが、それに耐えられるでしょうか」と述べて再考を促すといった、内容的な助言・指導もあります。また、「おたくの従業員が来られて、とにかくこのことで非常に困っているとおっしゃっている。一度話を聞いてあげてください」というようなレベルの助言・指導もあります。こうした事案が、平成20年度で約7600件あります（図表3参照。平成23年度は約9600件）。

4　紛争調整委員会によるあっせん

　それから、紛争調整委員会によるあっせんという手続があります。これは、弁護士や大学の教授等といった労働問題の専門家である学識経験者に非常勤と

して委嘱しているあっせん委員が、労使の間に立って冷静な話合いを促すというものです。平成20年度には、約8500件の実績があります（図表3参照。平成23年度は約6500件）。

5 労働局の役割

　以上のように、労働局には、相談・情報提供、助言・指導、あっせんという3つの機能があるわけですが、いずれも無料です。また、行政ADRとしての性格上、手続的にも内容的にも強制力はありません。したがって、助言・指導内容やあっせん案を提示した場合、そのあっせん案の受諾義務のようなものはありませんし、また、そもそも労働局は、出頭を命令するとか、証拠提出を要求するといった権限も持っていません。行政ADRとして、当事者双方の話合いによる互譲の精神で解決できる事案を、迅速かつ簡易に解決し、互譲しえないような事案については、行政ADRの範疇では解決できないという見切りをなるべく早めにつけて、その上でどうするかということを当事者に考えていただく、こういうことが労働局の機能といいますか、役割だと思っています。

POINT

＊労働局の個別労働紛争解決制度
　①趣旨
　　「個別労働関係紛争の解決の促進に関する法律」（平成13年法律第112号）に基づき、個々の労働者と事業主間の紛争について、その実情に即した迅速かつ適正な解決を図る。
　②概要
　　ⅰ）都道府県労働局長による情報提供・相談等
　　　●都道府県労働局：厚生労働省の出先機関
　　　●総合労働相談コーナー：都道府県労働局・労働基準監督署に設置
　　ⅱ）都道府県労働局長による助言・指導
　　ⅲ）紛争調整委員会によるあっせん
　　　●紛争調整委員会：各都道府県労働局に設置、弁護士・大学教授等により組織。同委員の中から、事案ごとにあっせん委員を指名。

③制度の特徴
 ⅰ）ワンストップサービス
  「会社対労働者」の紛争でありさえすれば、どの法令に違反するのか、民事上の問題なのかといった判断がつかない場合でも、総合労働相談コーナーでワンストップ的に受け入れる。
 ⅱ）簡易・迅速・無料
  裁判や労働審判と比べ、手続が簡易・迅速で、費用もかからない。
 ⅲ）民事問題についても相談、助言・指導、あっせんを実施
  強制力はないが、従来は行政として関与できなかった民事問題についても、相談、助言・指導、あっせんを行い、紛争解決に助力する。

Ⅳ 実施体制

1　労働紛争調整官

　次に、実施体制をごく簡単に紹介したいと思います。常勤職員は、平成20年度現在、労働紛争調整官が全国で68名います（平成24年4月現在74名）。そのほとんどが、労働基準監督官として多年にわたって監督業務に従事していた職員を、一時的に事務官発令し、労働基準監督官としての臨検等の権限を失わせて任命しているものです。労働紛争調整官はプレーイングマネジャーでして、後でお話する相談員の研修や、都道府県庁等の関係機関との連絡調整、あっせん事案の事前調査などを行っています。

2　紛争調整委員

　実際にあっせんの前線に立っていただくのは紛争調整委員です。全国で321名の方にお願いしています（平成24年4月現在381名）。構成は弁護士の方が約6割で、最近はさらに委嘱を増やしている状況です。それから、大学の教授が約2割、あとは特定社会保険労務士の方のほか、民事調停委員の方といった構成です。こうした方々に、大変薄謝ですけれども日当をお支払いして、あっせ

んに取り組んでいただいています。

3　総合労働相談員

それから、最初に相談の振分けをして、民事問題について情報提供する総合労働相談コーナーについては、総合労働相談員という月15日勤務の非常勤の方を委嘱しています。主に、社会保険労務士の方と企業の人事業務経験者で定年退職された方にお願いしております。こういう体制で業務を運営しています。

V　実　績

―総合労働相談、民事上の個別労働紛争相談、助言・指導、
　あっせんの件数―

　実績につきましては、ポイントだけご紹介しますと、平成20年度で、件数は総合労働相談で年間約108万件（図表2参照。平成23年度は約111万件）、民事相談約24万件（平成23年度は約26万件）で、伸び率が非常に高くなっています。特に平成20年度は、下半期の入り口でリーマンショックが起きた影響で、その後、整理解雇や雇止めといった雇用調整関係の紛争が激増しました。民事関係でいうと、約20％増という高い伸び率になっています。
　民事上の紛争24万件の内訳としては、解雇、いじめ・嫌がらせ（いわゆるパワーハラスメント）、労働条件の引下げ、これらが長らく相談内容の御三家になっています（図表4参照）。ちなみに賃金関係は総合労働相談コーナーでは扱いが非常に少ないです。それは、たとえば賃金不払いについては、労働基準法の問題になってしまうため、労働基準監督署の権限行使の方へ送付されるからです。
　なお、先ほど整理解雇が激増したと申しましたが、少し補足説明をしますと、いわゆる整理解雇の有効性を判断する4要素（①経営上の必要性、②解雇回

図表4 民事上の個別労働紛争相談の内訳

項目	14年度	15年度	16年度	17年度	18年度	19年度	20年度	21年度	22年度	23年度
その他	17.0%	14.7%	15.5%	16.6%	17.4%	15.5%	13.4%	12.6%	13.4%	13.1%
いじめ・嫌がらせ	5.8%	7.4%	8.1%	8.9%	10.4%	12.5%	12.0%	12.7%	13.9%	15.1%
雇用管理等		1.9%	1.2%	1.5%	1.7%	1.5%	1.7%	1.5%	1.4%	1.7% 1.8%
募集・採用	1.3%	3.5%	1.4%	1.7%	1.5%	1.8%	1.4%	1.3%	1.1%	1.0%
自己都合退職	16.8%	12.5%	5.2%	5.8%	6.8%	7.0%	6.2%	5.9%	7.2%	8.5%
その他の労働条件	1.9%	2.7%	11.1%	11.1%	10.9%	11.1%	10.1%	9.8%	10.4%	12.3%
採用内定取消	3.1%	3.4%	0.7%	2.9%	2.9%	3.1%	4.8%	4.8%	0.7%	0.7%
雇止め	0.7%	6.8%	3.3%	0.7%	0.8%	0.7%	0.7%	0.7%	4.9%	4.5% 0.7%
出向・配置転換	6.3%		7.0%	3.4%	3.4%	3.6%	3.5%	3.5%	3.2%	3.3%
退職勧奨	16.5%	15.8%	16.0%	7.2% 14.0%	7.4% 12.8%	7.7% 12.5%	8.4% 13.1%	9.4% 13.5%	9.1% 13.1%	8.8% 12.1%
労働条件の引下げ	28.6%	29.8%	27.1%	26.1%	23.8%	22.9%	25.0%	24.5%	21.2%	18.9%
解雇										

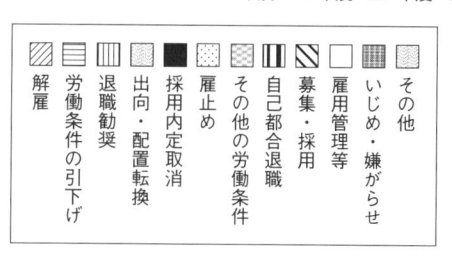

避努力、③選定基準の妥当性、④十分な説明・協議）を熟慮してやむなく整理解雇に踏み切ったけれども、労働者が納得せず紛争になったというような、裁判例に見られるような事案は、総合労働相談コーナーに寄せられる事案の中ではまれです。労働局では、解雇事案のうち、会社に聞いたところ主たる解雇理由が経営上の事情だったものを「整理解雇」と分類しています。印象論ですけれども、労働基準法上の解雇予告制度はかなり中小零細の事業主にも浸透しつつ

V 実績　39

図表5 助言指導申出件数の内訳

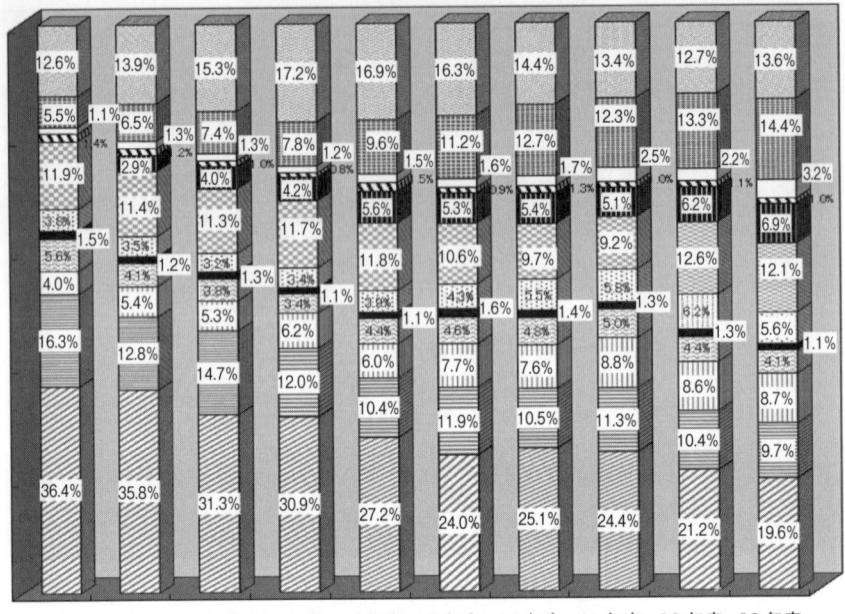

	14年度	15年度	16年度	17年度	18年度	19年度	20年度	21年度	22年度	23年度
その他	12.6%	13.9%	15.3%	17.2%	16.9%	16.3%	14.4%	13.4%	12.7%	13.6%
いじめ・嫌がらせ	5.5%	6.5%	7.4%	7.8%	9.6%	11.2%	12.7%	12.3%	13.3%	14.4%
雇用管理等	1.1%	1.3%	1.3%	1.2%	1.5%	1.6%	1.7%	2.5%	2.2%	3.2%
募集・採用	0.4%	0.2%	1.0%	0.8%	0.5%	0.9%	0.3%	0.0%	1.0%	0.0%
自己都合退職	11.9%	12.9%	4.0%	4.2%	5.6%	5.3%	5.4%	5.1%	6.2%	6.9%
その他の労働条件	3.8%	11.4%	11.3%	11.7%	11.8%	10.6%	9.7%	9.2%	12.6%	12.1%
雇止め	1.5%	3.5%	3.2%	3.4%	4.4%	4.3%	4.5%	5.8%	6.2%	5.6%
採用内定取消	5.6%	4.1%	1.2%	1.3%	1.1%	1.1%	1.6%	1.4%	1.3%	1.3%	1.1%
出向・配置転換	4.0%	5.4%	5.3%	6.2%	6.0%	7.7%	7.6%	8.8%	8.6%	4.1% 8.7%
退職勧奨	16.3%	12.8%	14.7%	12.0%	10.4%	11.9%	10.5%	11.3%	10.4%	9.7%
労働条件の引下げ										
解雇	36.4%	35.8%	31.3%	30.9%	27.2%	24.0%	25.1%	24.4%	21.2%	19.6%

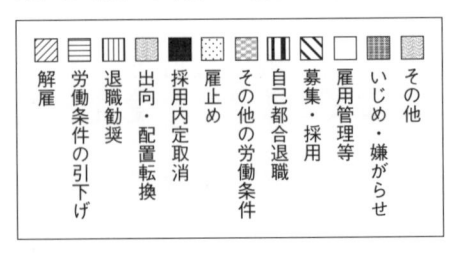

あるのではないかと思っていますが、解雇権濫用法理はまだまだであると感じています。もちろん、解雇するからには、会社なりの止むに止まれぬ理由があったのでしょう。しかし、実際に労働者側から相談を受け、会社に助言・指導して事情を聞くと、「その従業員は能力不足ないし勤務成績不良で、これまでいろいろと教育指導をやってきたけれども改善されなかったので解雇した」とか、あるいは、「経営環境が悪化する中で解雇回避努力をしてきたけれども、なかなか現状維持は難しいので、こういう考え方に基づいて選定・解雇した」

図表6　あっせん申請内容の内訳

項目	14年度	15年度	16年度	17年度	18年度	19年度	20年度	21年度	22年度	23年度
その他	11.9%	11.4%	11.9%	12.7%	11.2%	8.6%	9.0%	8.7%	8.8%	8.2%
いじめ・嫌がらせ	6.1%	6.7%	8.1%	10.5%	13.0%	15.1%	15.2%	12.9%	14.4%	16.4%
雇用管理等	0.8%	0.7%	0.8%	0.7%	0.9%	1.1%	0.9%	0.7%	1.0%	0.8%
自己都合退職	9.1%	2.9%	1.9%	2.6%	2.1%	2.7%	2.6%	2.1%	2.2%	2.7%
その他の労働条件	2.4%	9.1%	3.9%	7.5%	7.3%	4.3%	7.4%	5.9%	5.3%	1.7%	6.3%
雇止	3.0%	2.1%	4.0%	2.2%	7.8%	4.5%	6.0%	7.4%	7.8%	
採用内定取消	6.4%	3.2%	3.2%	2.6%	3.1%	5.1%	2.7%	2.5%	2.6%	8.9%	2.4%
出向・配置転換	10.4%	5.8%	6.2%	7.2%	2.7%	3.2%	2.7%	7.5%	8.0%	2.3%	2.8%	7.6%
退職勧奨		10.3%	13.0%	9.9%	6.8%	8.0%	6.9%		7.6%	
労働条件の引下げ					8.3%	8.6%	8.5%	8.7%	8.3%	8.7%
解雇	46.0%	45.1%	40.5%	39.5%	39.4%	37.4%	39.6%	41.9%	37.5%	35.2%

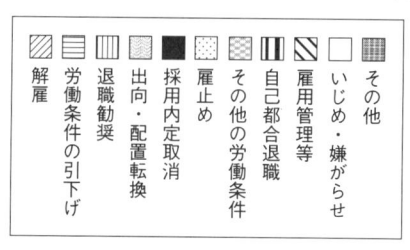

とか、そういった熟慮をうかがわせるような説明が返ってこない事案が非常に多いのです。そのあたりは、5000万人以上の雇用者がいる中で、いろいろな職場があるということなんだろうと思います。

　それから、助言・指導やあっせんについてですが、図表5・図表6に示されているように、おおむね民事相談24万件の内訳と同じです。

　あっせんの合意成立率、すなわち、あっせん手続終了件数に占めるあっせんが合意成立した割合に関して補足説明しますと、平成20年度で33.4%という

率になっています（平成23年度は38.3％）。合意成立率は近年低下傾向にあるのですが、制度発足当時は45％ぐらいありました。その原因について、あっせん委員の方に印象をうかがってみると、私ども労働局の紛争解決制度は最終的に金銭解決をするケースが多いのですが、会社としてどこまで出せるかという金額が下がってきており、それは景気の影響もあるのではないかというご意見が多かったです。

Ⅵ　手続の流れ

　続きまして、手続の流れについてです。相談や助言・指導は手続の流れというほどのものがありませんので、あっせんについて説明します（図表7参照）。

1　紛争調整委員の委嘱

　まず、紛争調整委員の委嘱は、直接個々のあっせん事案が発生するごとに新たに委員を委嘱するということではありません。労働局では、紛争調整委員の方を常時委嘱して名簿を備えており、個別のあっせん申請が上がってくると、この名簿に登載された委員に、基本的には輪番であっせん委員を務めていただき、あっせん処理にあたるようお願いしています。なお、委員の定数は労働局ごとに決まっていて、その定数の枠内で弁護士、大学の教授、その他の方の割振りをしています。弁護士の方については、各弁護士会にお願いして推薦された方を委嘱しています。委員の任期は2年で、再任もあります。

2　あっせん申請の受理

　さて、あっせん手続の具体的な流れに入りましょう。初めに、当事者の双方または一方からあっせん申請書（資料2-①～2-③、132頁以下参照）が出され、内容が適法な場合はあっせんの委任という手続に移行します。

図表7 紛争調整委員会によるあっせん手続の流れ

```
┌─────────────────────────────────────────────┐
│            あっせんの申請                      │
│  都道府県労働局総務部企画室、最寄りの総合労働相談  │
│  コーナーに、あっせん申請書を提出               │
│  （資料2～4　あっせん申請書の記載例参照）        │
└─────────────────────────────────────────────┘
                    ↓
┌─────────────────────────────────────────────┐
│ 都道府県労働局長が、紛争調整委員会へあっせんを委任（注1） │
└─────────────────────────────────────────────┘
                    ↓
┌─────────────────────────────────────────────┐
│            あっせんの開始通知                    │
│     あっせん参加・不参加の意思確認（注2）         │
└─────────────────────────────────────────────┘
                    ↓
┌─────────────────────────────────────────────┐
│ あっせん期日（あっせんが行われる日）の決定、あっせんの実施 │
│ あっせん委員が                                 │
│ ・紛争当事者双方の主張の確認、必要に応じ参考人からの事情聴取 │
│ ・紛争当事者間の調整、話し合いの促進              │
│ ・紛争当事者双方が求めた場合には、両者が採るべき具体的なあっせん案の提示 │
│ などを行います。                               │
└─────────────────────────────────────────────┘
       ↓              ↓              ↓
┌──────────┐  ┌──────────┐  ┌──────────┐
│紛争当事者双方が│  │その他の合意 │  │ 合意せず  │
│あっせん案を受諾│  │  の成立    │  │          │
└──────────┘  └──────────┘  └──────────┘
       ↓              ↓              ↓
┌─────────────────────────┐  ┌──────────┐
│      紛争の迅速な解決        │  │  打ち切り  │
└─────────────────────────┘  └──────────┘
                                     ↓
                         ┌────────────────────┐
                         │他の紛争解決機関の説明・紹介│
                         └────────────────────┘
```

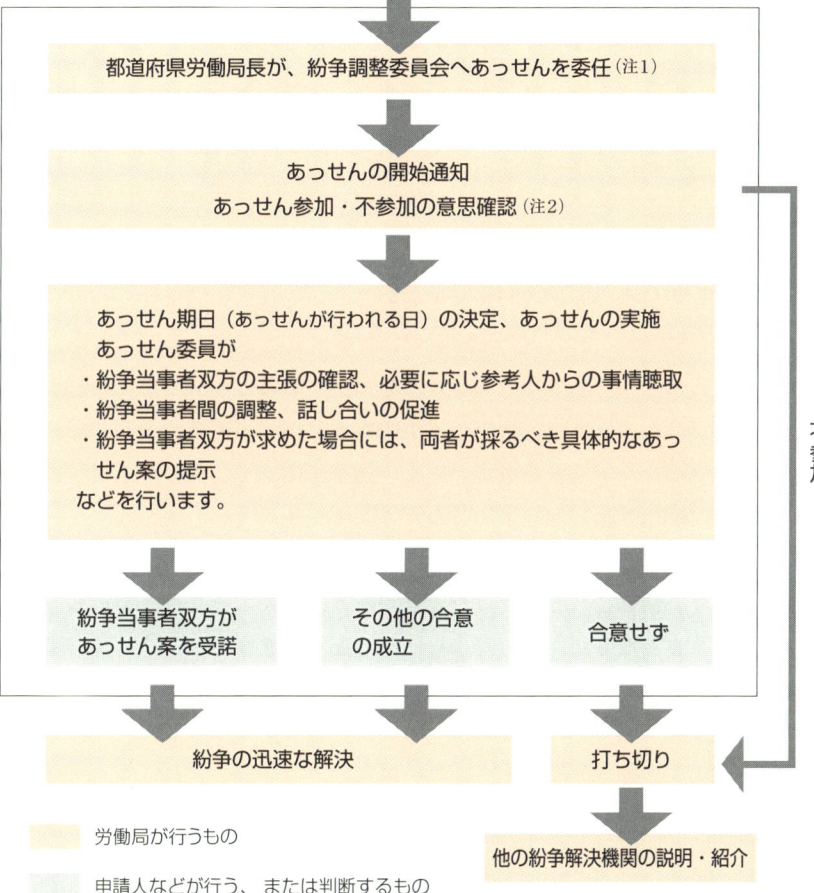

（右側：不参加 → 打ち切り）

- 労働局が行うもの
- 申請人などが行う、または判断するもの

（注1）必要に応じて申請人から事情聴取などを行い、紛争に関する事実関係を明確にした上で、都道府県労働局長が紛争調整委員会にあっせんを委任するか否かを決定します。
（注2）あっせん開始の通知を受けた一方の当事者が、あっせんの手続に参加する意思がない旨を表明したときは、あっせんは実施せず、打ち切りになります。

Ⅵ　手続の流れ　　43

3　あっせんの委任

　法的には、労働局長から紛争調整委員会にあっせんを委任し、紛争調整委員会が以後あっせんを遂行するという仕組みになっています。実際に紛争調整委員として名簿に登載されている人数が一番多いのは東京都で27名（平成24年36名）、少ない府県では6名というところがあり、その中でどなたを選定するかは紛争調整委員会の権限になりますが、多くの労働局では紛争調整委員会の了承を得て、事務局すなわち労働局から個別にお願いしています。先ほどお話したように、基本的には輪番ですが、配慮をなすとすれば、当事者に代理人として弁護士の方が付く場合（ほとんどの場合は事業主側）には、あっせん委員を弁護士の方にお願いするというのが通常です。

　あっせんは、通常、委員1名で行っています。したがって、実は、弁護士会から推薦された委員の中には、弁護士業務において扱う労働事件については主として労働者側に付かれる方、使用者側に付かれる方とがおられますが、そのどちらかがお一人で労働事案のあっせんを担当することもあります。しかし、労働局のあっせんの場合は、特定の解決内容へと両当事者を誘導していくようなスタイルではなくて、両当事者の主張を順番に聞いて、互いの主張をぶつけ合いながら、妥結させる意思があるかどうかを見極めていくというやり方ですので、実際問題として、あっせん委員の運営が一方に偏っていたのではないかというような苦情はこれまで受けたことがありません。そこは、委員の方は非常にバランス良く取り組んでくださっていると思います。

4　期日の調整

　あっせんの委任が完了すると、期日の調整になります。これは要するに、担当委員の日程を確認して、その委員の予定が空いている日の中で、両当事者にできるだけ都合を合わせてもらうことです。あっせんには参加義務がありませんので、参加の勧奨は行いますが、もし参加する意向がなければ、その時点であっせんは打切りということになります。

　労働局のあっせんは、簡易迅速を1つの「売り」としています。具体的には、あっせん申請を受けてから2カ月以内に90％は処理を完了するというこ

とを目標にしていて、一応、制度発足以来、それは達成できていますが、最近はじわじわと下がって92％ぐらいになっています（平成23年度は95％）。いろいろ事案が増えて事前整理が追いつかないとか、非常に卑近な話ですけれどもあっせん会場が確保できないとか、担当委員の日程が合わないとか、そうした理由でだんだん遅れておりまして、現在、国会審議中の平成22年度予算案には、紛争調整委員の定員の増員を盛り込んでいるところです（その後成立し、紛争調整委員の定員は増員されました）。予算案が成立すれば、また各地の弁護士会に労をとっていただき、推薦していただくことになります。

5　あっせんの流れ

あっせんの流れですが、労働局のあっせんの大きな特徴は、原則として期日1回で運営していることです。たとえば両当事者が、法的に白黒をつけることにこだわるのではなくて、「ある程度満足できる範囲に収まるなら、できればこの場で解決しよう」というような気持ちがあると見受けられる事案、さらに、「裁判や労働審判といった形で、弁護士費用をはじめさまざまな費用をかけてまでするのも正直ちょっと」と思っているような事案が、労働局のあっせんとしては最もまとまりやすいわけです。そういった要件が欠けていると、回数を重ねたところで解決に近づくことにはならないのではないかというのが、運営している側の実感です。

法律上は、原則1回で終結するという縛りがあるわけではないので、別に何回期日を設けてもいいのですけれども、実際には、そういった実践の経験を踏まえて原則は期日1回としています。とはいえ、あっせん委員の心証で、これはもう1回やればまとまるのではないかという場合、たとえば、あっせんによって何らかの形でまとめることについては会社としても了承・表明していて、あとは会社の内部手続があるから待ってほしいというような話であれば2回目の期日を設ける場合もあります。しかし、原則は1回です。それでまとまらない事案については、残念ながらといいますか、申し訳ありませんが、労働局のADRでは力及ばずというところで、他の紛争解決手段をお考えいただくことになろうかと思います。こうした見切りをつけるということも、労働局の重要

な機能ではないかという割切りで取り組んでおります。

　あっせんの進行は、あっせん委員のそれぞれのやり方に委ねています。標準的には三者、つまり、労働者側と使用者側とあっせん委員が一堂に会するのは最後の合意確認の時ぐらいにしておいて、あっせん委員が申請者（多くの場合は労働者）から主張を確認し、そこで申請者には退出していただき、今度は相手方の当事者を呼んで、「申請者はこういう主張ですが、どうですか」とぶつけてみて相手方の言い分も聞くということを繰り返すのが通常の進行の仕方です。会場が3室とれればそういうやり方をしますし、2室しかとれなければあっせん委員に両当事者の部屋を行ったり来たりしていただくことになります。

　法律上は、あっせん委員があっせん案を作成・提示することができる規定にはなっているのですけれども、実際は、あっせん案を作成した例はあまりありません。総合労働相談コーナーで受けている事案は多くが民事問題ですから、労働契約法に規定があったとしても規範的要件が多く、判断の枠組みが抽象的です。たとえば、最近増加しているパワー・ハラスメントの事案のように、法令や判例法理を見ても明確な判断が必ずしも示されていないというような事案もありますので、あっせん委員にご自身の名において責任をもって、これはこちらがいくら支払うべきだと決めていただくまでにはなかなか至らないのです。それをお願いすることは現実的に困難であることが、大きな事情として存在します。

　しかし、この後に参考としてご紹介しようと思っている男女雇用機会均等法やパートタイム労働法等に関係する事案の場合には、調停案を積極的に作成するというやり方をします。というのも、それぞれの法律に一定の規範が書かれていて、その法律からさらに政令・省令や大臣指針に委任されていることも多く、たとえばセクシュアル・ハラスメントの事案では、性的言動とは何を指すかが法令で明らかになっていることに照らして、どうもこちらに非があるのではないかといった具合にある程度判断がつけやすいからです。ただ、やはりこの個別労働紛争解決制度においては、あまりあっせん案を作らないで、両当事者の間に立って話合いを仲介するのが基本です。最終的に、金額の幅の問題になったときに、あっせん委員の経験から「これぐらいだったら、それほど不当

な要求にはならないのではないでしょうか」というようにいっていただく、そうしたやり方をする場合が多いです。

6 合意文書の作成

あっせんで合意に至りますと、一応、その合意内容を文書にして、両当事者に確認していただきます（あっせんの合意文書の例は図表8参照）。いわゆる和解契約としての意味を持つものです。

図表8 あっせんの合意文書の例

合意文書

○○○○株式会社（以下「甲」という。）と○○○○（以下「乙」という。）は、乙が甲を退職するに当たり、次のとおり合意した。

1 甲と乙は、甲乙間の雇用契約を平成○年○日限り解約とする。
2 甲は、乙に対し、乙の退職に係る紛争の和解金として、金○○万円を、乙の指定する○○銀行口座に平成○年○月○日までに振り込むことにより、支払うものとする。
3 甲と乙の間には、本件紛争に関し、本合意文書に定めるほか、何ら債権債務がないことを相互に確認する。

　平成○年○月○日

　　　　　　　　　甲　東京都○○区○○町○−○−○
　　　　　　　　　　　○○○○株式会社
　　　　　　　　　　　　代表取締役　○○○○　印

　　　　　　　　　乙　東京都○○区○○町○−○−○
　　　　　　　　　　　　　○○○○　印

7　他の紛争解決機関の教示（あっせん不成立の場合）

一方、あっせんが不成立となった場合には、労働審判、簡易裁判所での少額訴訟・民事調停等の司法手続、あるいは都道府県庁で運営している制度、その他の解決機関を教示して「あらためて、今後どうするかをよくお考えになってください」と申し上げて終わりにするというのが、おおまかな流れです。実際の紛争解決事例は、資料3-①～3-④（135頁以下参照）をご覧ください。

Ⅶ　実際の紛争解決事例

資料5の事例1「普通解雇」の事案を1つだけご紹介します。実際にあった事案をかなり加工していますので、ここに書かれているとおりのことが実際にあったわけではないことをご承知おきください。

この事案は、上司や他の従業員とのコミュニケーションが図れないという理由で解雇された勤続8年の経理事務員が、解雇理由は事実無根とし、謝罪と補償金の支払いを求めてあっせん申請をしたものです。当初、会社は、その従業員は協調性がなく反抗的で困っており、解雇は不当ではなく、要求を拒否すると主張しました。普通解雇について、学問的には、能力不足や勤務成績不良といったことが解雇事由として挙げられることが多いですが、労働局の個別労働相談コーナーに寄せられる事案は、態度が気に入らないとか、性格に問題があるとか、最初に会社の主張を聞くと少々主観的な解雇理由が出されてくる場合が多いのが特徴です。

この事案では、申請人が、復職ではなくて金銭解決と謝罪を希望したわけですが、最終的には謝罪を断念して、和解金の支払い金額が折り合ったことで決着しました。金額については、さまざまな評価があると思います。労働局のあっせんの場合には、両当事者に、最後の段階で「これで後悔はありませんね」と念押しをして、両者が「それでよい」というならばそれが妥当・適正な金額だと割り切っておりまして、特に相場的なものも設けてもいませんし、把握もしていません。

Ⅷ 他の紛争解決援助制度

　以上、簡略ではありますが、労働局の個別労働紛争解決制度の概観をご説明しました。今後のご参考となればと思います。最後に、関連する制度として２つご紹介したいと思います。

1　雇用均等室

　１つは、労働局の中の組織である雇用均等室という組織で行っている紛争解決援助制度です。かつては婦人少年室という名称で独立した出先機関として存在していましたが、行政改革により労働局に統合された組織です。女性労働運動の世界では歴史と伝統がある機関です。

　雇用均等室は、主として男女雇用機会均等法、育児・介護休業法、パートタイム労働法の３つを所管法律としています。この３つの法律の周知と施行が雇用均等室の主たる任務です。そして、本日冒頭で申し上げた個別労働紛争解決促進法には特例規定が設けられていまして、この３つの法律にかかわる紛争は、個別労働紛争解決促進法ではなく男女雇用機会均等法等に個別に定められた手続で紛争処理を行う、という法体系になっています。そういいながらも、実は、処理の仕方自体は、それほど大きく変わりません。

　もちろん、異なる点もあります。特に、男女雇用機会均等法、育児・介護休業法、パートタイム労働法では、募集・採用・配置等に関する性別による差別化をしてはいけないとか、結婚や妊娠・出産等を理由とする不利益取扱いをしてはいけないとか、セクシュアル・ハラスメントを予防する雇用管理上の義務とか、いろいろな規定を設けていますが、それについて助言・指導・勧告と調停を行うというのが、先ほどの個別労働紛争解決促進法との差別化のポイントです。

　先ほども少し申しましたが、あっせんと調停は法律的にはそれほど違わないのですが、調停は、基本的に調停案を作成して受諾勧告をするという点であっせんと異なります。あっせんは、あっせん案を作成することはできますが、実

際にはほとんど作成していませんし、必ず作成しなければならないわけではないのです。

　では、なぜ雇用均等室では調停案が作れるのでしょうか。たとえば、セクシュアル・ハラスメントについては、10年以上前までは悪いことだという意識がそれほど浸透していなかったかもしれませんが、今日ではしてはいけないことだと社会から広く認められています。具体的に何がセクハラ行為に当たるかというのは、今でもグレーゾーンは存在しますが、これはさすがにまずいということがある程度共通認識になっています。それを反映して、男女雇用機会均等法11条や、それに基づくセクシュアル・ハラスメントの防止ガイドラインが設けられているので、セクハラにかかわる事案がきても、それらをいわば参照基準にして、「これは黒なんじゃないか」、「これは黒までいかないな」という判断がある程度つき、調停案が書けるわけです。そして、調停案が書けるなら、期日は1回にこだわらず、大体3回～4回設けて、最初の1回～2回は事情聴取にあてて調停案を作り、調停案をベースに話し合っていくことができます。そういった流れで調停を進められる点が、雇用均等室の手続の大きな特徴であると思います。

　調停手続の流れは、基本的には紛争調整委員会によるあっせんと同じですけれども、個別労働紛争解決促進法と違うポイントとして1点ご理解いただくとすれば、今申し上げたあっせん止まりなのか、調停までやるのか、その違いはどこから来ているのかということです。

2　都道府県の労政主管事務所による労働相談、都道府県労働委員会による個別労働紛争のあっせん

　もう1つは、都道府県庁が行っている個別労働紛争解決制度についてです。これは、いわゆる自治事務、都道府県が首長と議会の判断と責任において、国からの指揮や指示を受けずに行っている事務ですので、47都道府県それぞれやり方に多少の差異があります。全体としてこうだということはなかなか難しいのですが、総じていえば、多くの都道府県では、労政主管事務所（旧労政事務所）で労働相談を行っています。それから、本来的には集団的労使紛争を扱

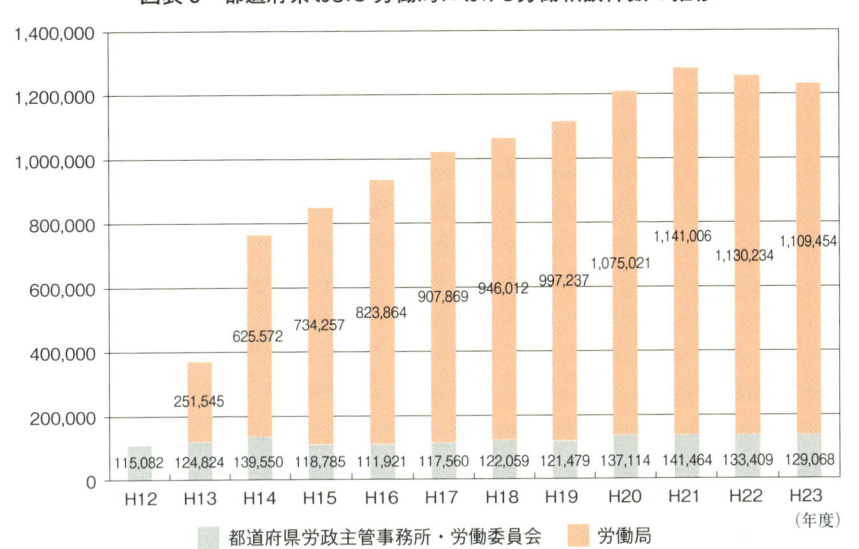

図表9 都道府県および労働局における労働相談件数の推移

年度	都道府県労政主管事務所・労働委員会	労働局
H12	115,082	
H13	124,824	251,545
H14	139,550	625,572
H15	118,785	734,257
H16	111,921	823,864
H17	117,560	907,869
H18	122,059	946,012
H19	121,479	997,237
H20	137,114	1,075,021
H21	141,464	1,141,006
H22	133,409	1,130,234
H23	129,068	1,109,454

う場である、都道府県労働委員会で個別紛争のあっせんを行っています。この2つのツールでもって、個別労働紛争対策にあたっておられる都道府県が主流になっています。労働相談については、都道府県の職員やプロパーの方が対応するところもあれば、弁護士や社会保険労務士の方に日を決めて来ていただいて対応するというやり方のところなど、さまざまです。

それから、あっせんは、44道府県では労働委員会が担当していますけれども、東京都、兵庫県、福岡県は例外になります。東京都と福岡県は、いわゆる労政事務所と考えていただければ結構ですが、そこがあっせんまで担当しています。兵庫県は、連合と経営者協会の共同事業による、いわば第3セクター的な機関であっせんを行っています。

実績については、図表9をご参照ください。実は、都道府県の間でかなり格差があるのですが、一番熱心で、体制も充実しているのは、やはり東京都です。全国の47都道府県の中で、相談ベースで4割、あっせんで5割強を東京都が占めています。

労働局と各都道府県の関係は、地方分権改革の中でもさまざまに議論がなさ

れており、いまだ決着したわけではありませんが、労働局の場合には、1つの持ち味というか、取り柄としては、労働基準監督署をはじめとする労働法の施行機関を持っているということが挙げられると思います。より具体的には、冒頭にお話した解雇の例のように、解雇予告手当の不払いと解雇理由といった具合に2つの問題が混在している場合に、労働局へお越しいただくと、あちこち行ったりせずに1カ所で相談ができるという点が、私どもの持ち味といえると思っています。

　一方、都道府県の場合には、やはり公労使三者構成の労働委員会を持っていることが大きな持ち味でしょう。労働局のあっせんと比べて都道府県の労働委員会のあっせんのほうがやり方も丁寧であると一般にいわれています。丁寧というのは、たとえば、会社があっせんに不参加表明をした場合、労働委員会の使用者委員の方が「裁判になったときのことを考えたら、ここで出てきたほうがいいですよ」というような働きかけをなさっているそうです。そうしたこともあって、労働局のあっせんと比べるとかなり参加率が高くなっています。

　厚生労働省の出先機関である労働基準監督署と各都道府県の労働委員会は、それぞれが、いわば本務としては別に仕事を持っています。それを親亀にたとえると、親亀の背中に乗る子亀としてそれぞれが個別労働紛争対策を行っているという関係ですので、子亀だけを切り離してどちらかに寄せてしまうのはなかなか難しいことです。両制度が連携・協力の下に共存するのが利用者から見れば一番よいのではないかと考えていますが、今後も中央との関係は模索が続くのではないかと思っています。

　以上、簡単ではございましたが、行政ADRの現状について説明をさせていただきました。

第3部

[1] 労働者側弁護士の個別労働紛争解決手段の選択
水口　洋介（日本弁護士連合会労働法制委員会副委員長）

[2] 労働紛争リスクへの対応について
和田　一郎（日本弁護士連合会労働法制委員会副委員長）

［1］ 労働者側弁護士の個別労働紛争解決手段の選択

水口　洋介（日本弁護士連合会労働法制委員会副委員長）

Ⅰ　はじめに

　第二東京弁護士会の水口洋介です。38期です。労働者側の弁護士から見た個別労働紛争解決の手段の選択ということに絞って、お話をさせていただきます。すなわち、渡辺弘判事、岸本武史室長のほうからご説明があった裁判所、労働行政機関を、労働相談を受ける弁護士として、どのように使っていくのか、また、どういう点に注意しながら選択をしているのかということを、一般論としてお話したいと思っています。

Ⅱ　労働者側の労働相談について

1　相談ルート

　まず、労働者側の労働相談には、相談ルートがいくつかあります。私は労働組合ともつきあいのある事務所に属していますので、労働組合から持ち込まれる相談、それから、弁護士会や法テラス等の公的機関の法律相談から来る相談、個人紹介（旧依頼者等）というような、それぞれのルートがあります。

⑴　労働組合ルート

　はじめに、労働組合からのルートについてです。労働組合の組織的な問題は、集団的労使関係の問題として弁護士と相談をするのですが、最近は集団的労使関係の相談は、実は減っていて、今日問題になっているような労働者個人の個別労働紛争について、労働組合を通して弁護士のところに持ち込まれる例が増えてきています。労働組合にとっては、労働組合員になってもらって団体

交渉などで解決するというのが本筋であるわけですけれども、最近では雇用が流動化し、あるいは非正規雇用の問題があって、解決しても労働組合に残る、あるいは職場に労働組合ができる事案は少なくなっています。そこで労働組合としては、個別労働相談として解決する方策で、別途労働審判等といったさまざまなルートを通じて解決しようとしているのです。その中に、弁護士による相談が入っているということです。

この労働組合ルートは、労働組合とつきあいがある弁護士以外はあまり持たないものです。特徴を一言でいいますと、労働組合が、私たち弁護士に持ち込む前に、使用者と交渉や団体交渉を行って一悶着あったようなケースが多く、その悶着の性質によって、弁護士としてどう進めていくのか、少々頭を悩ませることもあります。ただ、これは、労働組合のルートを持っている人でないと、あまり関係のない話かもしれません。

(2) 弁護士会、法テラス等公共機関の法律相談ルート

それから、弁護士会や公的機関の法律相談ルートの場合は、労働組合に相談するつてもない方が、それぞれの公的機関の相談を通して来られることが多いです。したがって、相談者はまっさらの状態で来られるし、労働法の知識はもちろん、裁判などの知識も全く持たないでの相談ということになりますので、一からわかりやすく説明するということに注意しなければいけないと思っています。

2 主な相談類型

次に、相談類型ですが、賃金請求、残業代請求などが多く、最近は、解雇・雇止め等の事案が増えています。相談の類型自体はごく常識的なものですが、ここで1点だけ注意しなければいけないのが、賃金未払いや退職金未払いといった相談については、使用者が単純にお金がないから払わない、払いたくないから払わないという場合と、実質的な争点を持っている場合とがあるということです。後者は、たとえば、労働条件の不利益変更があるような場合、その不

利益変更が、就業規則によるものなのか、個別の同意を得て行ったものなのかが問題になってきます。また、賃金について成果主義賃金等があった場合には、人事評価や実際の成果によって賃金が減額されているのか。あるいは、職務職能給の賃金制度の場合には、降給という制度で賃金が減って、そのために請求しているのか、ということが問題になります。こういう実質的な争点の有無によって、解決手段のルートも違ってくるわけです。その点を、やはり注意して聞かなければいけないと思います。

残業代事件についても、単純に不払いという問題なのか、それとも、争点として、たとえば残業時間があったのか、なかったのかという事実認定の問題だけに絞られる事件なのか、あるいは、それ以外にも管理監督者性や裁量労働、事業場外労働等の労働基準法に認められているみなし労働時間制が絡む事件なのか、ということを見極めて進めなければいけないと思います。

最近増えているセクシュアル・ハラスメントや、特に増えているパワー・ハラスメント、いじめ事件については、私たち弁護士としても、対応を苦労している事件です。相談を受けると、さまざまな問題について考えなければいけないので苦労していますが、これは最後に触れたいと思います。

労災事件にも、たくさんの種類がありますが、主なものは事故型、精神疾患型、過労死・過労自殺、職業病疾病型です。労災事件というのは非常に多様で、医学的知見や技術的・工学的知見が必要とされるので、複雑な事件の一類型といえると思います。

POINT

＊労働者側からの相談類型
　①解雇・雇止め事件
　②賃金・退職金請求事件
　　ⅰ）単純不払い型
　　ⅱ）実質的争点型（労働条件不利益変更型）
　③残業代事件
　　ⅰ）単純不払い型

ⅱ）実質的争点型（管理監督者性、みなし制等）
　④セクシュアル・ハラスメント事件
　⑤パワー・ハラスメント事件、いじめ事件
　⑥労災事件
　　ⅰ）事故（傷害）型
　　ⅱ）精神疾患型
　　ⅲ）過労死、過労自殺等
　　ⅳ）職業病疾病型

3　紛争解決手段（メニュー）と各手続の特徴

　さて、こうした相談類型、相談ルートを持ちながら、どのようなメニュー（解決手段）を選ぶかということですが、大まかにいうと、裁判所を活用する場合と、行政機関、特に労働行政を活用する場合の2つに分かれます。

(1)　裁判所の活用

　裁判所については、先ほど渡辺判事が説明されたとおりですが、現在は労働審判が中心になっています。それ以外に、本訴と仮処分があります。それから、簡易裁判所による民事調停・少額訴訟等もあります。
　まず、私が考えている簡単な特徴だけ、お話したいと思います。
　①　本　訴
　本訴は、皆さんご承知のとおり、重い手続です。それから、労働事件の審理期間は、東京地方裁判所が発表しているとおり平均審理期間は10カ月ぐらいだと思いますが、当事者には、「本訴は和解も含めれば1年かかることを覚悟してください」と申し上げています。1年以上かかることも珍しくないので、最長1年とはいえませんけれど、最低1年と申し上げなければいけないと思います。
　②　仮処分
　次に、仮処分です。これには、地位保全処分と賃金仮払いの仮処分があるわ

けですが、先ほどの渡辺判事のお話のとおり、書面審理で陳述書等の準備書面を、短期間にたくさん書かなければいけません。それも、2週間～3週間で書かなければいけないので、労働者側も使用者側も、弁護士代理人にとっては非常に大きな負担になりますが、決定が出されるので、ある程度実効性をもった手続です。東京地裁では、一応、3カ月を目処に仮処分決定を出すことにしているそうで、最初にそのように宣言されて手続を進められることが多いと思います。

　ただ、この仮処分手続で、東京地裁は、特に解雇事件、雇止め等の事案も含めて、保全の必要性を非常に厳格に考えておられるようです。たとえば、残業代請求だけの事案を仮処分にもっていっても、労働者が賃金をもらっていれば保全の必要性がないということで却下されます。このように、保全の必要性が厳格に求められているので、労働事件については若干使い勝手が悪いと思います。解雇事件の場合には、私が弁護士になった25年くらい前は保全の必要性を厳格に審査することはなかったのですが、15年くらい前から、破産事件と同じように本人の預金通帳をコピーして全部出して、預金がたくさんあれば保全の必要性がないと却下するようになりました。非常に厳格な判断がなされます。実は、私はいかがなものかと思っているのですが、現状はそうです。これに対応して、解雇事件で仮処分申立てをしようとするときには、保全の必要性があると判断されうる事案かどうかもチェックしないといけないでしょう。

　③　労働審判

　労働審判は、先ほど渡辺判事からご説明があったとおりです。

　④　簡易裁判所

　もう1つは、簡易裁判所です。簡裁というのは、特に本人訴訟を勧める場合には、意義のあるものだと思います。少額訴訟だと1回結審になって、進め方を誤ると負けてしまう場合があるので、私は、簡裁の本訴あるいは調停を本人に勧めることが多いです。特に、少額の賃金請求事件等には有効でしょう。

　最近、最高裁判所のホームページを見ていましたら、東京簡裁で扱ったクラブホステスの賃金未払い事件（東京簡判平成21年8月10日平成21年（少コ）1810号）が掲載されていました。この事件で東京簡裁は、使用者側に未払い賃

金26万9,000円の支払いを命じ、かつ使用者側は誠意ある対応をせずに賃金請求を妨害した事案だということで、慰謝料8万円の支払いも命じています。こうした例からも、簡裁での本訴・調停は活用の余地があるだろうと考えています。

(2) 行政機関の活用

　行政機関については、先ほど岸本室長が説明されたとおりです。特に労働局のあっせん手続等については、私のところに個別労働紛争の相談があったときには、重要な選択肢として、相談者に丁寧に説明をするようにしています。相談者にとっては、まず何よりも無料である点が非常によいのではないかと思います。しかし、やはり1回で手続が終了することになりますので、労働審判や裁判に比べれば解決水準は落ちます。しかし、無料という点と迅速性、1カ月～2カ月での解決が可能であるという点から、弁護士に依頼する余裕のない相談者にとっては重要な選択肢になっていると思います。ただし、これは使用者側に出頭を義務づけられませんから、3割～4割ぐらいは出頭しない使用者がいると聞いています。それでも出頭したケースの約半分は、実際にその場で合意に至って解決しているので、一定の役割を果たしているだろうと、私は思っています。

　労働基準監督署についても、岸本室長が説明されたとおりです。労働基準監督署というのは労働監督行政で、要するに、司法警察員として刑事処分を行う、監督をする、そういう行政機関だということを念頭に置くことです。したがって、労基法違反については権限を行使しますが、解雇事件の場合、その解雇が有効か無効かについてはノーコメント、労働基準監督署で取り扱わないということになります。個別労働紛争解決促進法（「個別労働関係紛争の解決の促進に関する法律」）が制定される前、ある労働者が、「自分を解雇するのは納得できない」と思って労働基準監督署に行くと、相談担当者から、「解雇予告手当が支払われているからその解雇は適法だ」といわれたという話を聞きました。要は、労基法上は適法だけれども、それは、民事上、解雇が有効か無効かということとは別問題だという点が、かつては十分説明されていなかったわけ

です。しかし、個別労働紛争解決促進法ができてからはずいぶん変わって、個別労働紛争解決の1つの重要な選択肢として、先ほどの労働局のあっせん手続が生まれたといえると思います。

労働委員会については、東京都労働委員会の場合には、労働組合に加入した上で調停等の申立てをしないと活用できないのですが、先ほど説明があったとおり、東京都・兵庫県・福岡県以外については、個別労働紛争も取り扱うことになっているようです。

POINT

＊紛争解決手段（メニュー）とその手続の特徴
　①裁判所
　　ⅰ）本訴 → 重い手続で、所要期間は最低1年
　　ⅱ）仮処分（地位保全処分／賃金仮払い処分）→ 審尋手続で、所要期間は約3カ月
　　　　※東京地方裁判所は、保全の必要性判断が特に厳格
　　ⅲ）労働審判 → 軽い手続で、所要期間は2カ月余。相互譲歩による調停覚悟
　　ⅳ）簡易裁判所（本訴・調停・少額訴訟手続等）→ 少額事件向き
　②行政機関
　　ⅰ）東京労働局あっせん手続 → 無料で迅速だが、解決水準に課題あり
　　ⅱ）労働基準監督署（各都道府県労働局管内）
　　　　→厚生労働省の出先機関。取扱い事案は、労働基準法違反に限定
　　ⅲ）東京都労働相談情報センター → 無料で懇切丁寧な相談が受けられるが、実効性に課題あり
　③各都道府県労働委員会
　　※東京都労働委員会による調停は、労働組合加入の上、申立てが必要
　　※東京都・兵庫県・福岡県以外については、個別労働紛争も取り扱う

III　紛争解決手段の選択の留意点

　紛争解決手段を選択する際の留意点というのは、一般論でこうだと決めつけられないのですが、私が考えている判断要素を少し申し上げたいと思います。

1　法的見通し

　まず法的見通し、これは弁護士であれば、労働事件に限らず、どんな事件でも共通して留意しなければならないことです。事実関係について証拠があるかないか、法的判断はどうなのか、といった点です。また、労働法は最近改正がかなり多くて、労働契約法だけではなく、労働基準法や高年齢者雇用安定法等についても目配りをしなければいけない場合もあります。判例の傾向は、常に注意をしなければいけないと思いますが、特に労働事件では判例の傾向は重視すべきです。

2　当事者の真の「要求」は何か

　個別労働紛争を扱う場合の特徴というと、当事者の要求が何であるかをつかむのに、注意を要するということです。

　特に労働契約関係は、継続的契約関係でもありますが、やはり人格的な、人間と人間同士の関係だということで、得てして「人格紛争」、格好よくいうと人格になるのですが、有り体にいえば、感情的な紛争になっている場合があります。

　それから、要は、お金の問題という意味での利益の紛争になっていることもあります。

　それを超えた、本来の意味の労使紛争は、職場における労使関係について、労働組合あるいは労働者と使用者との間で合理的なルールを設定するための紛争というものです。労使の利害の綱引きの中で紛争が起こっているのです。このような純粋な意味での集団的な労使紛争というのは、ある意味でビジネスライクな、双方合理的な行動をとるという部分が大きいのです。そういう労使紛

争性も持っています。

　今述べた3つは、それぞれに分かれているのではなくて、同じ事件の中でも、人格的紛争が色濃く表れたり、利益紛争が色濃く表れたりしますので、当事者の要求が、紛争を人格的紛争としてとらえているのか、利益紛争として割り切ってとらえているのかを見極めるのは、非常に難しいと思います。解雇事件やセクハラ事件、パワハラ事件では、特に感情的な要素をどう考えるのかということが非常に重要で、相談を受ける際も、メニューを選択する際にも注意しなければいけません。

　そういうわけで、紛争解決手段を選ぶときには、当事者の真の「要求」は何なのか、また、実のところ当事者自身も自分が何を望んでいるのか、よくわかっていない場合もあります。解雇事件を見れば、あるいは、セクハラ事件やパワハラ事件も同じなのですけれども、当事者には、当然に人格的な怒りや感情的な恨みという気持ちがあって、解雇されてすぐ私たち弁護士のところに駆け込んでくるわけです。ですから、そういう感情的なものについて、当事者に一度クールダウンしてもらって、その後で、この事件の場合は裁判という手続あるいは法的ルールに乗せた場合にはどういう解決が現実的で、結果としてどうなるのかということを、少し時間をかけて理解してもらうことが必要です。そういう説得なり、説明の中で、どういうことを要求として掲げるのかを考えることが重要です。

　一番わかりやすい例でいえば、先ほど渡辺判事もおっしゃっていたように、解雇事件の場合、あくまで復職を求めていくのか、解雇撤回＋金銭解決という方向で行くのかという方向性を、当事者によく考えてもらうことです。その経過においては、個別労働紛争事件で判決で勝っても、復職することは難しいという法制度上の限界、またドイツと違って、就労請求権が認められておらず、強制執行の手段も完備されていない日本の裁判制度や労働法制の限界も踏まえて説明することも、必要になってくると思います。

　また、主に労働者側にとって非常に大きな要素となってくるのは、手続費用です。特に弁護士費用です。弁護士費用を労働者側がどれほど負担できるのかという話をすることも重要で、そのためには、本人の生活状況、年齢、転職可

能性等について確認する必要があります。転職は、業界によって、なかなか難しい場合も、逆に十分可能な場合もあります。また、経済的余裕はどうなのかについても把握しておくべきでしょう。たとえば家族状況にしても、「今年は娘の結婚式が5月にあるので、5月まではともかく失職という状態は避けたい」とおっしゃる相談者も珍しくないですね。そういうような要素も考えた上で、どの解決手段をとるのかということになります。

3　使用者（相手方）の見極め

　それと、使用者の見極めも重要です。企業の客観的な状況で見ると、大企業、中・小企業があって、その中・小企業の中にも、大企業の系列の下請型で一応大企業の文化に染まっている企業と、経営者のパーソナリティーで決まっていく独立系の企業とがあります。もう1つには零細企業があります。零細企業というのは、労働法の闇の世界で、経営者はほとんど労働法についての知識がありません。実際、労基法レベルでも知識がないという使用者も結構います。「就職するときに残業代はいらないという約束で就職したんだから、残業代は支払わない」といったことを、平気でいう方も珍しくはないです。実際、労働者数でいったら、おそらく全体の3分の2ぐらいは、この手の中小・零細企業で働いているというのが日本の現実です。そうした企業に、労働法がきっちりと浸透しているかというと、現状では大いに疑問があります。

4　紛争解決手段の一般論

　紛争解決手段の一般論でいえば、柔軟な解決が可能な事案は、私は労働審判にもっていきます。柔軟な解決が可能というのは、労働者側も可能だし、企業側も一定程度可能だろうと思われるということです。柔軟な解決が可能であれば、必ずしも整理解雇だから、あるいは就業規則の不利益変更だから労働審判は駄目だといった具合には、機械的に考えません。このあたりは件数をこなしながら、また、相手方の反応を読みながら決めていくことになります。もちろん読み違えはありまして、読み違ったときには、「渡辺裁判長ごめんなさい」という事態になるわけですけれども、基本的に、ここをどう読むのかがポイン

トになると思います。

　労働紛争の場合には、法テラスができて、いろいろな援助が充実してきていますが、何といっても手続費用の負担が大変な場合、それでも何とか解決したいというときには、本人でもできる解決手続をご説明しています。それは何といっても、労働局のあっせん手続です。それから、残業代未払いとか賃金未払い、退職金未払いの場合でも、証拠がしっかり揃っているのであれば、労働基準監督署に行って手続をとってもらいます。その際のアドバイスとしては、「口頭で相談してもはっきりしないので、労働基準法違反の申告書という形で、簡単なものでもいいから書面にして、署名・捺印して持って行けば、単なる相談として片付けられないで、きちんと申告として受理して進めてもらえますよ」、といった助言をしたり、労働行政にもっていくときの証拠はこういうものを持って行けばいいですよ、といった説明をすることになります。

　弁護士が、労働行政機関を1つの解決手段にできることを、当事者にアドバイスすることが重要になってくるでしょう。労働相談の中で、弁護士がつくと費用対効果から考えてもなかなか大変な事件は、このような行政機関や簡裁の本人訴訟手続を積極的に活用すべきでしょう。そういう各手続の特徴、限界を適切に説明することも重要だと思います。

POINT

＊紛争解決手段の選択の留意点
　①当事者の真の「要求」の見極め
　　→「人格」紛争か、「利益」紛争か、「労使」紛争か？
　　※特に、解雇・雇止め事件、セクシュアル・ハラスメント事件、
　　　パワー・ハラスメント事件、いじめ事件の扱いに留意
　②法的見通し
　　ⅰ）事実関係（証拠の有無）
　　ⅱ）法的判断（判例の傾向）
　③当事者の要求を基礎とした手段の選択
　　ⅰ）要求水準

ⅱ）手続費用（特に弁護士費用）の負担
　　ⅲ）本人の生活状況（年齢／転職可能性／家族状況／経済的余裕度）
　④使用者（相手方）の見極め
　　ⅰ）企業の客観的状況（経営体制／事業規模）
　　ⅱ）企業の主観的状況（経営者のパーソナリティ）
　⑤その他
　　各手続の特徴に関する依頼者への十分な説明等

5　判断が難しい事件（パワハラ事件、いじめ事件）

　パワハラ事件やいじめ事件というのは、私も、今でも相談では苦慮するところです。最初から労災事件に該当すると判断できるような事案は、労災手続をしていくということでいいわけです。問題になることが多いのは、相談者が精神的疾患や職業病性疾患、特に精神的疾患を発症している場合ですが、これは、厚生労働省が出しているガイドラインの内容と、それから、その労働者の月間の残業時間を客観的に把握できれば、わりと見通しがつきやすくなってきます。

　ただ、過重労働等によるものではない、さまざまなパワハラ・いじめなどによる精神疾患というのは、非常に判断が難しくなってきています。相談者はいまだ罹患中であるわけですから、相談していく中で、みるみる症状が悪化することもあります。顔色が悪くなるとか、上司にされたことを思い出して眠れなくなる、といった具合にです。そのため精神的に不安定になって、電話がひっきりなしに弁護士のところにかかってくるという例も、正直いってたくさんあるわけです。提訴すればもっと症状が悪くなってしまうというようなケースもあるし、業務負荷やパワハラが、密室で行われたりして、証拠がないというような場合に、どういう形でこれを立証するのかを考えると非常に困難な事件です。また労災事件としてうまく構成できない場合、弁護士が入って使用者に労働者の要求を伝えると、何らかのリアクションがあるわけですね。そうすると、その労働者が、かえって職場にいづらくなってしまう事態にもつながりか

ねません。これについて、どのように対応していくのかも考えなくてはいけません。しかし、今の私には、「お医者さんと相談して、焦らないでやっていきましょう」というぐらいしか知恵がないのです。非常に相談件数が増えているのですが、どう対応していったらいいのか、今でも本当に頭を悩ませています。このあたりは、是非、厚労省に、もっと頑張っていただけるよう、期待しています。

6　紛争解決手段を選択する前の調査・交渉の重要性

　以上、選択肢をどうするのかということについての一般論を、大まかに申し上げました。

　最後に、メニュー選択前に実態を確認をすることが、やはり一番大切です。本人からの聞取りを十分やるということはもちろんですが、たとえば解雇事件であれば、解雇理由証明書をまず使用者から取り寄せることが必須となります。ご承知のとおり、現在では、使用者が労働者から解雇理由証明書を請求された場合、解雇理由証明書を出さなければ、労基法で罰せられます。しかもその解雇理由証明書は、単に「協調性がない」というような抽象的な理由ではなくて、就業規則何条違反だけでなく、具体的な事実関係に基づいて解雇理由を書かなければいけないという通達も出ています。こうした使用者の回答の結果や解雇理由書をとった上で、どういうふうにメニューを選択するのかを考えなければいけないと思っています。

　以上です。

[2] 労働紛争リスクへの対応について

和田　一郎（日本弁護士連合会労働法制委員会副委員長）

I　はじめに

　第一東京弁護士会の和田一郎と申します。今日のテーマは個別労働紛争解決制度の選択ということですが、使用者側は紛争解決制度に受動的に関わることになる場合が多く、能動的に紛争解決制度を選択するケースは少ないと思います。以下では、個別労働紛争解決制度の若干の概観と、労働裁判に関連して留意すべき点を中心にお話したいと思います。

II　個別労働紛争解決制度等の概観

　まず、個別労働紛争解決制度全体について、簡単に触れておきます。先ほど、渡辺判事、岸本室長、水口弁護士がお話になった各紛争解決制度を、整理して一覧表にしたのが資料4（144頁以下参照）です。各制度を横方向に順に並べ、縦方向にそれぞれの制度の各ポイントを記載してあります。横方向の並べ方は、左半分が司法による制度、右半分が行政による制度、そして、一番右が弁護士会による制度となっています。大雑把にいえば、左のものほど厳格な制度、右のものほど柔軟な制度です。

1　対応で注意すべき点

　個別労働紛争解決制度による申立てを受けた場合の使用者側の対応ですが、特に労働審判手続のときには、相手方に代理人が付いているか、付いているとして労働事件を専門としている弁護士か、という点が注意すべきことの1つで

す。弁護士を依頼せずに本人が申立てをしている場合には、調停による解決は難しいのではないかという懸念が大きくなるでしょう。他方、水口弁護士のような労働事件を専門とする労働者側の弁護士が付いていれば、事件を選んで、調停による解決を念頭に置いて、申立てをされているだろうという推測が働きますから、調停で解決できそうだとの見通しを立てることができます。また、労働審判手続の場合に限りませんが、事件を担当する裁判官について、友人の弁護士や裁判官に聞くとか、裁判官自身の著作を読んで、「これが渡辺判事のお考えか」と理解するとか、「この裁判官には、あの事件でお世話になったな」という経験があれば、担当の裁判官への対応方法の参考になります。たとえば、事件の解決にあたり、理論的な面を重視する裁判官か、それとも、解決内容の座りの良さを重視する裁判官か、といった具合です。

　もう1点は、個別労働紛争解決制度による申立てを受けた場合であっても、たとえば、通常訴訟であれば、答弁書も出さず、かつ、期日に欠席しても、結局は判決が出てしまいますが、資料4の⑧の労働局の「あっせん」の場合は、あっせん手続に参加する意思がない旨を表明すれば、手続が打ち切られます（個別労働紛争解決促進法15条、同法施行規則12条1項1号）。もっとも、あっせん手続に参加しないことをお勧めしているわけではありません。使用者側弁護士は、「あっせんについて通知が来たけれど、どう対応したらいいですか」と依頼者から相談を受ければ、紛争の具体的内容から判断してあっせんでの解決が期待できない等の特別の事情がない限り、「あっせん手続に参加して、まずは解決に向かって動いてみましょう」と申し上げると思います。なお、あっせん手続が開始されても、一方当事者が申し出れば、あっせんは打ち切られます（同法15条、同法施行規則12条1項3号）。

2　取扱い件数・所要期間等

　次に、取扱い件数・所要期間について、資料4の148・149頁をご覧ください。裁判等についてはすでにお話が出ていますが、行政の関係等も見てみますと、非常に速く進んでいることがわかります。⑧の「あっせん」は、平成20年度の終結事件の件数が約8000件で、そのうち約90％が2カ月以内に終結し

ています(同資料の左端の列で「ク」と示された行参照)。⑪を見ていただくと、東京都産業労働局では、「あっせん」が、平成20年度では、約700件あって、そのうち約70％が29日以内に終わっており(同資料の左端の列で「ク」と示された行参照)、かなりスピーディーに動いているということがいえます。

それから、解決率ですが、資料4の148頁によれば、③の「労働審判手続」は、約80％が最終解決に至っています(同資料の左端の列で「ケ」と示された行参照)。また、私が労働審判事件30件余りを調査したところでは、ほとんどの事件で現実に履行までなされていました。解決するだけではなく、履行までなされているという点で、非常に使い勝手のよい制度です。

また、行政による紛争解決制度のほうも、資料4の149頁によれば、たとえば、⑧の労働局の「あっせん」ですと、平成20年度は、大体3分の1は合意で解決されていますし、⑨の均等法関係の「調停」ですと、平成20年度に申請された69件のうち31件が調停案を両当事者が受諾して解決されています(同資料の左端の列で「ケ」と示された行参照)。⑪の東京都産業労働局の「あっせん」では、平成20年度は解決率が約68％であり、かなり高率です。⑬の弁護士会の「仲裁・和解」は、平成20年度に申し立てられた「職場の紛争」70件のうち30件は解決されていますので(同資料の左端の列で「ケ」と示された行参照)、それぞれ比較的よく機能しているといえます。

3 労働委員会の救済命令と他の紛争解決制度との違い

集団労使紛争解決制度の話になってしまいますが、一言触れておきたいのは、労働委員会の救済命令についてです。司法が提供している紛争解決制度との違いの1つは、司法による紛争解決制度は、履行しなければ民事執行を受けることになりますが、刑事罰や行政罰はありません。ところが、労働委員会の救済命令は、これを履行しないと、民事執行を受けることはないものの、行政上の過料あるいは刑事罰を受けることがあります。

すなわち、使用者が救済命令の取消訴訟を提起した場合、裁判所が、判決の確定に至るまで救済命令の全部または一部に従うべき旨の緊急命令を出すことがあるわけですが(労組法27条の20)、その緊急命令を履行しないと、行政罰

としての過料を科せられます（同法32条）。この過料の金額が馬鹿にならなくて、当初50万円以下で、不履行の日数が5日を超えると1日履行が遅れるごとに10万円以下が付加されます。仮に1年遅れると、上限は3600万円を超えてしまいます。さらに、不利益取扱（労組法7条1号）が問題となった事案では、労働者側の当事者が複数いれば、この金額にその人数を乗じた額ということもありえます。

また、その救済命令が確定判決で支持された場合、命令に違反すると刑罰を科せられます（労組法28条）。1年以下の禁錮、もしくは100万円以下の罰金、またはその併科です。

ところで、労働委員会は、労働委員会の特殊性等を理由に、判決に比べて抽象的な内容の救済命令を出すことがあります。たとえば、「……について組合員を非組合員と公平に扱え」という趣旨の命令です。問題は、救済命令の内容が抽象的だと、使用者の解釈と労働委員会の解釈が食い違って、使用者としては抽象的な救済命令を使用者なりに解釈して履行しているつもりでも、労働委員会はその救済命令について別の解釈をして、使用者は履行していないと判断するリスクがあることです。労働委員会がそのような判断をすると、労働委員会の通知により過料や罰金を科す手続が始まることになります（労働委員会規則50条）。実は私は、そのようなリスクが現実になった経験をしましたが、反省点としては、労働委員会から救済命令の履行状況の報告を求められて（同規則45条2項）報告するようなときに、充分に労働委員会と意思疎通を図っておくべきだったということです。

4　労働法規の特殊性等

すべての労働紛争は、ADR等で解決できない場合、最終的には裁判で解決されることになるわけですので、その観点から少し触れておきます。

非常に初歩的なことで恐縮ですが、裁判で用いられる「法的三段論法」でいうと、たとえば、大前提として「人を殺した者は死刑に処す」という規範があり、小前提として「Aは人を殺した」という事実があるとすると、結論としては「Aを死刑に処す」、ということになります。

労働事件の場合についていえば、事件になった場合、その後で「規範」を変えることはできませんし、また「事実」はもうすでに起きてしまっていますから、法的な「結論」も動かせません。要するに、事件になってしまったら、解決の仕方の点では工夫の余地があるとしても、その前提となる法的判断の点は変えようがないわけです。ですから、事件になる前に、弁護士として相談を受けることが望ましいわけです。顧問会社からは、事前に相談を受ける可能性が高いとは思いますが、よくお願いしておく必要があります。

　また、同じく法的三段論法に関して留意すべきことは、大前提となる規範が、労働法においては、「人を殺した者は死刑に処す」というような具体的なものではなくて、抽象的な文言で書かれていることが多い点です。たとえば、解雇権濫用の法理の場合には、「濫用」の有無が問われますし（労働契約法16条）、就業規則の不利益変更法理の場合には「合理性」の有無が問われます（同法10条）。その場合の問題は、裁判所の裁量の幅が非常に広いということです。この点は、労働事件を扱う場合に、まず念頭に置くべき点だと思います。

　さらに、労働事件に固有の問題ではありませんが、渡辺判事には申し訳ないのですが、各裁判所や裁判官個人の事実認定能力にはばらつきがあるように、私には感じられます。去年、ある不当労働行為について、ある裁判所では、不当労働行為救済命令の取消訴訟が、また、別の裁判所では、その不当労働行為が不法行為であるとして損害賠償請求訴訟が、それぞれ係属したことがありました。その結果、証拠はほとんど共通であるにもかかわらず、事実認定において、一方の裁判所は、不当労働行為――上司が組合員に、組合を脱退したら有利な取扱いをしようといったか否かという争点なのですが――を肯定し、他方の裁判所はこれを否定しました。現実にそういう例がありますから、事実認定の点でも必ずしも安心はできないのです。

　つまり、法的三段論法のうち、大前提となる規範について裁判所の裁量の幅が非常に広い上、事実認定でも判断が異なる場合がありうるので、その結果、当事者としては予測を立てにくいという問題があるわけです。

5 裁判を念頭に置いた日頃の留意点

先にも述べたとおり、全ての労使紛争が、最終的には裁判で解決されるわけですから、使用者側としては、日頃から裁判を念頭に置いた備えをしておくことが大切です（**POINT** 参照）。

POINT

＊裁判を念頭においた日頃の留意点

① 経営に不正はないか

② 労基法等の労働法規等（労働法規以外、および確定判決を含む）の違反はないか
　ⅰ）裁判所、労働委員会のメンタリティ
　　a 「国民は法令を遵守して当然」（特に裁判所）
　　b 「確定判決は守って当然」（特に裁判所）
　　c 労働者寄り（労働委員会）
　ⅱ）クリーンハンドの原則（自ら法を尊重する者だけが、法の尊重を要求することができる）

③「前科」（労基法違反等での処分、不当労働行為事件等での敗訴）はないか
　ⅰ）②ⅰ）〜ⅱ）と同様の問題がある
　ⅱ）労働事件における和解の活用（特に「負け筋」のとき）

④ 管理者側の体制がしっかりしているか
　ⅰ）人事労務担当の部署と他の部署との意思疎通・意思統一（→ 弁護士への事前相談のためにも不可欠）
　ⅱ）本社と事業所との間の意思疎通（→ 弁護士への事前相談のためにも不可欠）
　ⅲ）ノンポリおよびやりすぎの管理職はいずれも不適任
　　例：退職勧奨でのおざなりな説得、行きすぎた説得

⑤ 使用者側の人事・労務担当スタッフは揃っているか（裁判前から）
　ⅰ）日常の管理が裁判でものをいう（→ マンパワーが必要）
　ⅱ）雇用調整等の案件、たとえば、整理解雇、就業規則不利益変更等の事件では、裁判資料が膨大になる可能性（→ マンパワーが必要）
　ⅲ）組合がらみだと、裁判と並行して、労働委員会での不当労働行為事

> 件への対応、および団交等の組合対応も必要となりうる（→ マンパワーが必要）
> ⑥労働協約、就業規則に使用者側に都合の悪い規定はないか
> 　例：労働者側に過度に有利な手続規定等

　そのポイントだけ申し上げますと、まず、労働基準法等の労働法規の違反はないかという点です。よくあるのは、たとえば残業代を払っていないとか、三六協定をきちんと締結せずに残業をさせているとか、そういうケースです。結局、裁判所は、法律を守っていない人を守るということには当然に消極的です。先ほど、裁判官を味方に付けなさいという非常にわかりやすいお話がありましたが、使用者が、「この従業員は、会社のお金を盗んだから懲戒解雇にしました」と主張しているときに、労働者側から、「実は、この会社は、残業代を払っていないけしからん会社だ」といわれれば、裁判所としては、「自分ですべきことをしないで、よく他人の問題点を非難しますね」ということになるでしょう。ですから、使用者側としては、会社の中に、労働法規だけでなく業法その他の法規も含めて、法律違反がないかどうかということに十分気を付けなければいけません。

　この関連で私の経験を若干申し上げれば、事情があって確定判決を履行していなかった依頼者があったのですが、次の訴訟事件において、「この会社は確定判決を履行しないような会社であるから、かくかくしかじかだ」と、判決の中で非常に強い口調で非難されたことがありました。また、ある小さな会社で賃金差別事件が起きたときに、裁判所から、当事者以外の従業員の賃金に関する資料を提出せよという文書提出命令が出されたのですが、「すみませんが、会社内が混乱しますからお断りします」と、訴訟上の不利益は十分承知の上で返答したら、裁判官から私に直接2回も電話がかかってきまして、非常に強い口調で、「本当に提出しないのですか」といわれたりしました。

　ですから、裁判所は、法律を守っている人が行って、初めて味方になってくれるところであるというくらいの考えを常に持っていないといけないと思いま

す。学生時代に、クリーンハンドの原則というのを習いましたが、つまりは、「自ら法を尊重する者だけが、法の尊重を要求することができる」、というわけです。

　それから、管理者側の体制がしっかりしているか、また、労務関係のスタッフが整っているか、という点も重要です。労務関係のスタッフが整っていて、そうした実務に優秀な人がいるというのは大事なことです。たとえば、能力不足の労働者の解雇問題では、そのような労働者に対して、ある程度長期にわたり、上司や人事担当者が指導その他どういう対応をしてきたか、ということが問われます。あるいは、残業代の問題であれば、上司や人事担当者がどういう時間管理をしてきたか、あるいは、その従業員がある時間帯に実際に働いていたか否か、ということが問われます。そういうときに、きちんと会社側の体制ができていないと、また、労務関係のスタッフが整っていないと、反論や立証ができず、裁判に負けることにもなりかねません。

　少々駆け足になりましたが、以上で私からの説明を終わります。

第4部

個別労働紛争とADRの上手な利用方法

―パネルディスカッション―

○パネリスト 渡辺　　弘（東京地方裁判所民事第36部判事〔2010年当時〕／現：東京高等裁判所第16民事部判事）

　　　　　　岸本　武史（厚生労働省大臣官房地方課労働紛争処理業務室長〔2010年当時〕／現：東レ株式会社CSR推進室）

　　　　　　和田　一郎（弁護士・日弁連労働法制委員会副委員長）

　　　　　　水口　洋介（弁護士・日弁連労働法制委員会副委員長）

○司　会　　加藤　俊子（弁護士・日弁連ADRセンター副委員長）

　　　　　　遠山信一郎（弁護士・日弁連ADRセンター副委員長）

I　はじめに

遠山　では、パネルディスカッションを始めたいと思います。

　4人の先生方のお話をうかがって、わが国の個別労働紛争の解決分野では、ADRがとてもよく発達しており、多様な解決システムがインフラとして整備されているということが、皆さんにもおわかりいただけたと思います。データ的に、わが国ではどのような制度がラインアップされているかということについては、和田先生に作っていただいた、個別労働紛争解決制度一覧表（資料4〔144頁以下〕）と、個別労働関係紛争解決手続総覧（資料5〔154頁以下〕）をご覧ください。今回の特別研修会は、ADRに視点を置いておりますので、和田先生の資料では、司法、行政、弁護士会という括りで整理されています。

　少しご紹介させていただきますと、ADRセンターで出している平成20年度版の仲裁統計年報には、ADRセンターにおける弁護士会の個別労働紛争等に関する取組みについてのデータが記載されています。全国で弁護士会の仲裁センターは26弁護士会（平成24年8月現在、30弁護士会）、30センター（平成24年8月現在、34センター）で展開されていますが、平成20年度の受理事件ベースで考えますと、約70件が職場の紛争というカテゴリーで受理されています。この年の全体の受理件数が1081件ですので、1081分の70件が職場の紛争ということになります。そのうち、解雇、退職という事案が15件、賃金系が12件、労災系が5件、その他が38件あり、その解決率は42.8％となっています。

　今回は、4人の先生方から労働審判手続を中心にお話があったわけですが、ここでは、ADRを、訴訟以外の紛争解決手続という一番広い意味でとらえて、少々無理があるかもしれませんが、労働審判手続もADRの仲間に入れてしまって議論を展開している点を、お断わりしておきたいと思います。このように非常に多様な紛争解決システムを、いかに実務法曹として活用するのかというのが議論していただくテーマです。

加藤 それでは引き続きまして、このパネルディスカッションでは、参加者の皆様に、第1部〜第3部の講演内容をより深く理解していただくために、労働事件でよく取り扱われる、解雇、残業代請求、セクシュアル・ハラスメントという3つの問題について、それぞれの順番に、それぞれのお立場からの見解をお聞きして、検討を加えていきたいと思います。進行は、私が務めますので、どうぞよろしくお願いいたします。

II 解雇事案の解決手段

加藤 まず、解雇問題ですけれども、先ほども比較的多いケースとして、いわゆる能力不足、勤務成績の不良、勤務態度の不良といった理由で解雇された例が挙げられていました。ここでもこれらを想定しまして、それぞれのお立場から見解をうかがいたいと思います。まず、岸本室長から、こういう解雇の問題について、労働局のあっせんではどのような取扱いがされているのか、ご説明ください。

1 労働局におけるあっせん等の対応

岸本 労働局で解雇の事案についてあっせんを行う場合の流れですが、図表1（個別労働紛争解決システム）〔32頁〕のフローチャートをご覧いただきますと、いきなりあっせん申請に来るのではなくて、まず、総合労働相談を行います。そこで、紛争の5W1Hといいますか、いつ、どこで、誰から、どういう形で解雇を言い渡されたか、そのときにどんな理由が説明されたか、といったことを、1つ1つ聞き取りをし、また求める解決は何かを確認します。

それともう1つ、解雇予告をはじめ、労働基準法等との混在部分があるかどうかを確認して、事案の振分けを行います。そして、振分けの結果、もっぱら解雇理由を争う民事的な解雇紛争であると判断ができましたら、引き続き、総合労働相談コーナーで相談を行うわけです。その中で、助言・指導というやり方、あるいはあっせんという仕組みがあることを教示して、相談者の選択に委

ねます。

　正直に申し上げれば、解雇についても、あっせん向きの事案とそうでない事案があります。労働者に金銭解決の意向があれば、ない場合よりはあっせんに向きますし、また、会社側の言い分も聞いて譲り合うような気持ちがあれば、あっせんに向きます。しかし、向き・不向きにかかわらず、適法な申請であれば受理します。つまり、あくまで法律的な白黒にこだわって、復職以外の解決は希望しないというような事案であっても、その場合にはあっせんが成立する可能性は客観的に見てあまり高くはありませんけれども、受理はいたします。

　結局、あっせんに向くか、向かないかという事案の性格による向き・不向きと、もう1つ、この紛争にどこまでお金をかけるかという資力の問題とが、クロスする部分があります。客観的に見れば、性質上は必ずしも向いていなくても、本人の資力の問題から、事実上は労働局のあっせんをほとんど最終手段のように考えている方もいらっしゃいまして、そういう場合は駄目もとになる可能性が高いかもしれませんが、適法な申請であれば受理します。

　おそらく、各都道府県庁の労政主管事務所や労働委員会で行っている解雇に関するあっせんも、同じような取扱いだろうと思います。1点違いがあるとすれば、解雇予告手当という労働基準法違反が混在している事案の場合には、その部分は、普通であれば労働基準監督署に取り次ぎ、残りの部分を労働委員会で処理しているということだろうと思います。

2　労働者側弁護士のとるべき対応

加藤　それでは次に、最初に労働者が弁護士に相談する場合に、労働者側の弁護士として水口先生から、解雇事案についての相談のポイントや、最終的な手続選択にあたってどういうことを検討されているかという点を中心に、ご説明をお願いします。

水口　先ほども少し申し上げましたけれども、労働者が解雇について相談に来られた場合には、解雇理由が何なのかということを、まず本人から詳しく聞き取ります。本人が解雇通知書といった文書を持ってきている場合には、その文

書にどういう記述があるのか、その記述の1つ1つを確認していくことが大事ですね。ほとんどの場合、抽象的な理由、たとえば、ただ「成績不良」とか、「勤務態度不良」、あるいは「就業規則何条何号違反で普通解雇する」と書いてあることが多いわけですが、それだけではよくわかりません。本人に、思い当たる点は何なのか、解雇を言い渡される前あるいはその際にどういうことが言及されたのかを、1つ1つ聞いていくことになります。もちろん、解雇に至る経過も含めて、入社してからどういう経過であったのかも聞いていきます。

　このあたりの基礎的な事実を聞き取った上で、次に、どう解決手続を選択するかということになります。聞き取りの結果、解雇を無効とするには、なかなか難しいと判断されるような場合、たとえば本人が、「経歴詐称していました。それが問題になりました」といった場合のように、それはちょっと言い訳ができないと思われるケースもないわけではないです。しかし、実際は解雇通知書等に十分具体的な事実関係が書かれていないことが多いものですから、一応、本人から聞取りはするけれども、会社はどういう解雇理由を主張するのかを確認するために、解雇について異議がある旨を書いた上で、「解雇理由は納得がいかない。解雇理由について具体的な事実関係を文書で明らかにせよ」という解雇理由請求書を、会社に対して出します。その際には、先ほど申し上げた厚生労働省の通達等がありますので、それも指摘をします。そうなると、たいてい使用者は、弁護士に相談に行くことが多いですね。それから、具体的な事実関係を記載した解雇理由を内容証明で回答してきます。その上で、再度、本人とその内容を確認していくことになります。

　解雇理由を最初に特定することは、その後の解雇訴訟や労働審判——雇止めの場合でも同じですけれど——を審理する上での出発点です。これを最初の段階で確定しないと、早期に手続を進めるのもなかなか難しいし、判断もしようがないですから、これに非常に大きな精力を傾けます。

　もう1つ、解雇されたといいながら、解雇辞令等を渡されなかったとして相談に来る方も結構います。その際に注意を要するのは、そもそも、それは本当に解雇にあたるのかという点ですね。使用者が、「明日からもう来るな」とか、「お前なんか辞めてしまえ」と口頭でいったというケースが典型的です。解雇

の意思表示がなされたか否かが争いになるかどうかについて、注意します。こちらが解雇だと思って法的手続をとったところ、使用者は、「いや、解雇はしていない。叱責をしたら、怒って翌日から会社に出て来なかっただけで、無断退職だ」といわれて、自主退職や無断欠勤が争点になることがありますので、最初の段階でよく事実を確認することが大事です。これは事実認定上のことですね。

　解雇理由の場合には、解雇権濫用法理についてはたくさん判例がありますから、単に抽象的に成績不良や能力不足という理由では、一般的にいうと、それだけでは解雇が有効になるのは難しいと思います。能力不足や成績不良の場合には、さらに会社側が労働者に対してどういう指導や注意をしたのかということが1つ大きなポイントになりますので、そのあたりも聞き取って、勝てるかどうかの見通しを立てることが必要です。その上で、弁護士が本人の要求を具体的に聞きます。そこで本人が、「あくまで職場復帰したい。この年齢になったら転職の道はない。特に昨今は大変だ」という場合には、本人に、職場復帰の困難さを説明します。訴訟費用、とりわけ弁護士費用を支払うだけの一定の蓄えがあるか、その後の生活の蓄えを確認します。もし、余裕がある場合には、復職を目指すなら、最初から本訴を選択することもありえます。

　ただ、ほとんどの人は、早期に解決して他に転職したいと考え、解雇を撤回させた上での金銭解決を望んでいます。それを実現できる見通しがある場合（解雇理由を十分に争え、使用者との間での解決金などの妥協点が見いだせる見通しのこと）には、労働審判を選択することになります。行政機関に持ち込んでも、解雇の有効・無効を判断しなければ解決は困難だという場合も、労働審判を選択する要素となるでしょう。しかし、お金をかけずに早期に解決したい、労働審判等といった形で手続上の費用などを負担するのは嫌だ、できないという方もいますので、そういう方については労働局のあっせん手続をお勧めします。その場合には、あっせん申請書の書き方などをアドバイスします。

3　使用者側弁護士のとるべき対応

加藤　使用者については、顧問の会社等であれば解雇の前の段階から関与して

いることもあると思います。和田先生の場合は、無理な解雇をしているような会社はないかもしれませんが、事後的にあるいは急に相談に来られたときに、使用者側の弁護士として、どういったところにポイントを置いて、事情を聞き取ったり、アドバイスをするかについて教えてください。

和田 解雇した後に、初めて使用者から弁護士が相談を受けた場合、まず、その解雇が有効かどうかを判断し、次に、その判断に基づいて、具体的な対応をすることになります。

解雇の有効性の判断のためには、一般の法的判断の場合と同様に、規範と事実が必要です。

規範については、普通解雇事由あるいは懲戒解雇事由のほか、解雇の手続を規定した就業規則や労働協約等がある会社であれば、それを会社から提出してもらいます。

事実については、普通解雇や懲戒解雇の理由とされる事実関係を、慎重に調査します。この作業は、労働審判申立書や訴状を受領している場合には、それらの中で主張されている事実が真実か否かを確認する作業を含みます。普通解雇事由該当事実や懲戒解雇事由該当事実についてはもちろん、業務への支障の有無と程度、使用者側の落ち度の有無（例：教育、指導、注意を行っていたか）と程度、過去ないし現在の類似の事案の処理とのバランス等についても調査します。なお、解雇の背景を理解するためには、会社案内や会社組織図等の提供を受けることも有益な場合が多いです。さらに、解雇の際にどのような手続をとったかも調査します。これらの調査は、通常は、本人の上司、人事部の担当者等から聴取する方法で行います。その聴取の際に、聴取内容を裏付ける資料があれば、その提出も合わせて求めます。

そして、普通解雇や懲戒解雇の理由とされた事実が、就業規則や労働協約に規定された普通解雇事由や懲戒解雇事由に該当するかどうか、該当するとして、その普通解雇や懲戒解雇が、解雇権濫用（労働契約法16条）あるいは懲戒権濫用（同法15条）とされることはないか、また、普通解雇や懲戒解雇が、就業規則や労働協約に規定された手続を遵守してなされているかを検討します。

また、解雇が法令に違反していないかについても検討します。たとえば、国籍等による差別的取扱いを理由に無効とならないか（労基法3条）、労災療養中等の解雇制限を受けて無効とならないか（同法19条）、解雇予告または予告手当の支払いをしたか（同法20条）などです。
　以上に基づいて、解雇の有効性を判断します。
　次は、その判断に基づく具体的な対応です。
　労働者側から、退職事由証明書（同法22条1項）または解雇理由証明書（同条2項）の交付を求められている場合には、その証明書を作成して、労働者なりその代理人に交付することになります。また、労働者側から解雇には理由がない旨の内容証明郵便が来ている場合には、回答書を作成して送付することになります。これらの証明書や回答書は、訴訟や労働審判になった場合には、書証として使用されることになりますから、それを念頭に置いて作成する必要があります。さらに、労働審判申立書や訴状を受領している場合には、答弁書を作成して提出することになります。重要なことは、調査を尽くして、普通解雇事由や懲戒解雇事由を確定して書面を作成することです。普通解雇事由や懲戒解雇事由について、後日修正を要するようなことでは、訴訟や労働審判になったときに、裁判所や労働審判委員会の信用を損ねます。
　以上の作業と並行して、和解の余地があるかどうか、和解するとして、どのような内容の和解をするかを使用者と検討します。普通解雇や懲戒解雇が有効か否かにかかわらず、使用者が解雇を撤回して、自主退職とし、かつ、使用者が一定額の解決金を支払うという和解がよく行われます。この解決金は、解雇が有効だと低額となり、解雇が無効だと高額となります。
　次に、解雇する前に、使用者が弁護士に相談に来た場合について、少し触れておきます。
　この場合にも、予定している解雇が有効か否かを確認（予測）することが第1の作業になります。その点では、先ほど説明した、解雇の後で相談を受けた場合と同様です。
　解雇が有効であると予測した場合には、さらに政策的判断も踏まえて、実際に解雇を行うか否かの最終判断をすることになります。

解雇が無効であると予測した場合の対応は2つに分かれます。1つは、現時点で解雇した場合には無効と予測されるが、今後の経過を踏まえて将来解雇した場合には解雇が有効になる可能性がある場合です。たとえば、成績不良者について、会社のこれまでの指導では十分とはいえないが、今後さらに指導をして、それでも改善されないときに解雇する場合です。この場合には、会社が辛抱強くその従業員に対する指導を継続し、解雇の材料を収集することになります。もう1つは、現時点で解雇しても無効と予測されるし、今後も解雇を有効にするような展開が想定できない場合です。たとえば、従業員が解雇に値しない程度の突発的な暴言や暴行を行った場合です。この場合は、解雇することを控えて、別の処分を行い、処理は終了ということになります。
　最後に、立証のことについて、一言申し上げます。
　解雇が裁判所で有効と判断されるかどうかの見通しを立てる場合に、有効であることを基礎付ける事実を証明できるかどうかに注意する必要があります。証明するときには、通常は証人を立てますが、証人になれる人がいるかが、1つのポイントです。
　たとえば、証人となりうる人物はすでに退職してしまっているという場合が一番困るわけで、退職者に証人になってもらうのは、事実上まず困難だと思わなければなりません。特に、その人が、現在は別の会社に勤めているのであれば、打ち合わせのために、平日の昼間なら有給休暇を取って来てもらわなければならないでしょうし、それを避けるには夜間や土・日に打ち合わせをしなくてはいけなくなるでしょうが、実際には、そのようにして打ち合わせをすることは困難です。
　それから、証人にも適性というのがあります。証人は、裁判所の公開法廷において、あるいは公開ではないとしても労働審判廷において、人前で話さなくてはなりません。また、相手方代理人の質問にも答えなくてはいけませんが、かなりきつい質問も来ます。そういうことに耐えられる人でないと、証人は務まらないわけです。
　また、会社に対して、誠実な人でないと困ります。私の失敗談ですが、会社側の証人が、証人尋問の打ち合わせの段階から組合と連絡を取り合っていた

めに、証人尋問の際の労働者側からの反対尋問が、まるで、労働者側の証人の主尋問のようになったことがありました。

さらに、いじめなどの事例ですと、被害者に証人になってもらおうとすると、「またいじめられるから、証人にはなりません」といわれることがあります。

以上のようなわけで、客観的にあった事実と証明できる事実の間にはズレが生じる可能性がありますから、そういうことも踏まえて、裁判での解雇の有効性の見通しを立てる必要があります。

4　裁判所からの要望

遠山　ありがとうございました。使用者側も労働者側も、この点はとても悩みながら、丁寧に進めなくてはいけないと思うのですが、たとえば、裁判所のフィールドに入って労働審判や訴訟、訴訟だったら和解もありますが、そういった手続の中で、裁判官の立場から、弁護士の方にはこういうことをしてほしいというのがあれば、ぜひおうかがいしたいです。渡辺判事、いかがですか。

渡辺　事案によっていろいろだ、としか申し上げようがないところもあります。岸本先生、和田先生、ご両者の話の後付けになってしまうかもしれませんが、おそらく、前提としての客観的な事実が、ともかくも確定しないことには始まりません。特に、労働審判に多いのですけれども、解雇されてすぐの段階で解雇理由が混乱するのはやむを得ないと思っているのですが、せめて、これが懲戒解雇なのか、普通解雇なのかを明らかにしなくてはいけません。先ほどお話があったように、これは解雇ではなくて退職の意思表示の事件だとか、うつ病による休職の期間満了の事件だとか、そうした客観的なところ、とにかく前提が確定しないと、当てはめる要件が全然違ってしまうことになりますので、かなり早期の段階で、どの枠組みで論じる類型なのかという認識を、共通にしていただかないといけないと思います。

この壇上に上がっているような方には、そのようなことは決してないわけですが、解雇といっているのが普通解雇なのか懲戒解雇なのか、答弁書を読んで

も全然わからないという事件もまれにあります。どちらであるかによって適用する考え方が基本的に違うわけですから、そこのところを、まず客観的に確定していただくことが大事です。労働事件では、地位確認事件が一番多いのですが、地位確認にもいろいろなケースがあって、適用状況もそれぞれに違ってきます。それゆえ、前提となる事実の確定こそがすべての前提だと申し上げたいです。

2つ目としては、実は解雇事件というのは、ほとんど和解で終わっているということです。訴訟においても、ほとんどの事件は和解で終わっています。労働審判は、話合いによって極めて高い率で解決がなされているといえようかと思います。また、先ほどから出ていますが、職場復帰を求める復職型の和解と退職型の和解の、大きく2つのパターンがあって、パターンによって交渉内容が全然違います。

5　復職和解について

渡辺　水口先生には怒られるかもしれませんが、裁判官としては、復帰和解を強く勧めるというのは、心理的抵抗感がないわけではありません。はっきりいって、後の責任が持てませんよね。職場復帰した後でどうなるか、責任を持てないところがあります。会社側が、「いいですよ、復帰してもらって」とか、あるいはこちらが心証をはっきり示して、「これは解雇無効になりそうですがどうしましょうか」となって、会社側が復帰もやむなしということがあるのならともかく、裁判所のほうから復帰させましょうというのは、あまりお勧めしないというところが実態としてはあります。私は東京地方裁判所の労働部に5年間いましたけれど、復職和解は2件で、いずれも会社側が受け入れて差し支えないというときに、復帰後の雇用条件等を調整したものです。こうした場合、あまり裁判官が出る幕はないのです。裁判官というのは、そもそもその事件のあった職場のことをよく知りません。どういう職種があって、どういう仕事があるのかといったこともわかりませんので、当事者ベースで話合いをしていただいて、もめたときに、裁判官が話をするということが多いのです。実際問題としては、退職和解といいますか、解決金によって退職をするというパタ

ーンが極めて多いです。

　復職和解に関しては、先ほど申し上げたように、私は2件ぐらいしか経験がないのですが、訴訟あるいは紛争を経て復職して、その後でこじれて第2次解雇に至ったという事件は十数件担当した記憶があります。そういう意味では、「当方では、今後どうなるかわかりませんぞ」と、両当事者に申し上げる部分が実態としてはあるといっていいかもしれません。ただ、それでもやはり復職をと希望しても、会社側が受け入れは絶対嫌だという話になると、もう判決手続で行くしかないのかなと思います。実際問題、大体はそういう形になっています。これは、裁判官によっても違うかもしれませんし、「何いっているんだ」と水口先生に怒られるかもしれませんが、私としては率直に申し上げています。

6　退職和解について

渡辺　次に、もし退職和解だということになると、解決金をどうするか、これが、おそらくは重要な問題になるでしょう。率直にいうと、解雇が有効か、無効かについての心証の度合いに応じて、解決金は高くなったり安くなったりします。常識的にそうですよね。会社側がもし負けたら、判決確定までの賃金を働いてもいない人に払わなければいけない、その上、会社側としては、復帰する職場を用意しなければならない、これが建前なわけですから。もし解雇が無効となると、解決金はかなり多額になります。逆に解雇が有効となると、こういっては何ですが、それほど高い解決金は望みうべくもないわけです。それでも、こちらのほうが優勢だ、あるいはこちらが勝つのではないかという意見は申し上げますが、ここから先の話は、今度は和田先生に怒られるような気がしますが、解雇権濫用法理というのは規範的要件なものですから、これが濫用に当たるかどうかというのは、私が見ていても、裁判官によって判断がやや分かれる可能性はあります。

　そういう意味では、たとえば、これは会社側が優勢だと、解雇が有効になる可能性が高いと思っても、もしかしたら高等裁判所に行けば別の判断が出るかもしれないと、あるいは仮処分段階で解雇は有効と判断されても、本案の裁判

官は違うかもしれないと、敗訴リスクは常にあるということは申し上げます。もちろん、逆の場合もあります。解雇が無効のような気はするけれども、もしかしたら、反対の判断がありうるかもしれず、そうなると、労働者としては非常にリスクが高いという説得の仕方をします。それぞれについて、私としてはこういうふうに思うけれども、別の裁判官は別の判断をする可能性があると申し上げます。

これが比喩として適切かどうかわからないのですが、解雇が有効か無効かというのは、率直にいうと、実刑か執行猶予かという判断に似たところがあります。裁判官によって、判断がある程度違ってくるのです。私は、かつては刑事事件の裁判官を務めていましたが、事実認定で判決が破れたという記憶はないのです。ところが、執行猶予を付けたのが実刑になったり、逆に実刑にしたのが執行猶予になると、これは時々経験しておりますので、当事者には、そういう場合があるのだといろいろお話しながら、心証の度合いを説明して、その上で和解案を出す場合は出すわけです。多くの事件では、そういうことをしているのが実態だと申し上げておきたいと思います。

7　労働審判の傾向

渡辺　さらにもう1つ、労働審判について、これまた誤解されると非常に困るなと思いながらも、あえてこの席で申し上げるならば、私が裁判官として訴訟を担当しているときに比べると、おそらく、労働審判のほうが、解決金が中庸化されている気がします。私は理屈だけの裁判官なものですから、たとえば、これは解雇無効だと思ったら、かなり高額の和解案を出します。それはそうですよね。もし判決で負けたら、「あなた、何をいってるんだ。確定までの賃金を払わないといかん」というのみならず、「職場復帰をきちんと考えないといかん」という話になりますから、解雇無効だと思ったら、かなり高額の解決金を支払えという和解案を出すわけです。一方、これが労働審判になると、3人で合議していくと、「えっ、600万円ですか。それは高いでしょう」という話に意外になったりするんですね。解雇無効の事案も、解決金は、私が単独で担当するよりはやや低めになっているかなという印象が少しあります。

逆に、解雇が有効と判断される事件ですと、「1カ月分の支払いでも御の字じゃないか。これは解雇有効なんだから」といっても、「裁判官、それはかわいそうでしょう」というふうにいわれたりして、私が単独で担当するよりはやや高めの解決金になるような傾向が全体にある気がします。もちろん、原因はそれだけではなくて、訴訟と比べると労働審判は、解雇されてまだ日が浅いので、そういう意味でも、多額の解決金が出ないという側面がないわけではありません。それゆえ、単純に中庸化されるというものではないことは申し上げておきたいと思いますが、労働審判にはややそういう傾向があって、実際、先日も労働者側の方から、労働審判になって解雇の解決金の基準が低くなったのではないかというようなことをいわれました。そうはいっても、制度発足時よりも事件数は3.6倍に増えているのですから、当事者は皆、きっと一定の満足を得て解決しているのではないかと思います。こういうふうに開き直るといよいよ怒られそうですが、ややそういうところがあるかもしれないと思うのです。
　冒頭にも申しましたけれども、裁判官は、隣の労働審判委員会が何をやっているか全然知らないんですね。裁判官は独立ですので、立ち入ったところまではあまりわからないわけです。しかし、今お話したような傾向はややあるかもしれないと、最大公約数的にはいえるのではないかと思っています。

III　残業代請求事案の解決手段

加藤　なかなか話が尽きないところではありますが、次の問題に移ります。
　残業代の請求、賃金の請求という問題に関して、労働者から相談を受けた場合に、ポイントとなること、主張や立証といった問題もいろいろあるだろうと思うのですが、そのあたりの見解を水口先生にお聞かせいただければと思います。

1　労働者側弁護士のとるべき対応

水口　残業代請求で相談を受けたときには、何といっても、残業時間について

の客観的な証拠の有無が、ポイントになります。要は、残業代請求事件で2年前に遡って請求する場合、裁判になれば、何月何日何曜日に何時に出社して何時に仕事を終えたのかを、1つ1つ立証しなければいけないわけですから、そういうことの証拠があるかないか、ということですね。これを、まず最初に確かめることになります。

　タイムカードが全部揃っていて、本人がすでにそれらを入手できているのであれば、労働基準監督署に行って申告してくださいと申し上げます。労基法37条違反ですから費用をかけなくても未払い分の残業代は支払われますよ、ということになります。また、証拠となるタイムカード等がなくて、自分のメモや記録しかない場合、いわばグレーゾーンの場合には、それで労基署に行ってもなかなか事実関係が確定しないので、訴訟なり労働審判なりをせざるをえないということで、弁護士のところに来るというのが普通のパターンです。その場合の立証の見通しは、私は労働審判も裁判も変わりなく考えます。労働審判だから証拠が薄くてもよいとはならないでしょう。ともかく証拠が揃っているかどうかにかかってくると思います。

　私は、依頼者にも、残業の時間を、たとえば、何月何日にどうしたのか、どういう記録があるのかという一覧表を、100日なら100日分、200日なら200日分、エクセル等でまとめて記してきてもらうようにしています。最近の相談者にはいろいろな方がいまして、何と、自分がその会社で働いていた時の電子メールの発信記録を全部プリントアウトして持っているとか、あるいは毎日帰るコールをメールで奥さんにしているのでそれを記録に持ってくるとか、そういう場合が結構あります。そうしたものも含めて、立証していくことになります。ただ、これだけでは多分、労基署はあまり取り合ってくれないでしょう。そこで、裁判や労働審判では、本人の陳述書を付加して立証をしていくことになります。

　解決手続として何を選択するかですが、私は、残業代請求は、どちらかというと本裁判、本訴のほうがかえってよいのではないかと思うぐらいです。なぜなら、裁判なら付加金が付きますから和解もしやすいのです。ご承知のとおり、残業代未払いのような場合には、付加金を倍額支払うことを裁判所が命じ

ることができます。その意味では、労働者にとって、同じくらい努力をするのであれば、少々時間がかかっても本訴をやって、会社がノーというのであれば付加金を取るぞといえば、早期に和解することも可能になるので、私は本訴を選択することが多いですね。譲歩しても早期に和解しても良いと考える場合には、私は労働審判を選択します。しかし、本来は、証拠がきちんと揃ってさえいれば、裁判までやる必要はないと思います。私は、グレーゾーンの場合には本訴、証拠が揃っていて会社もそんなにこだわらないだろうと思うような場合には労働審判というパターンが多いです。これは私個人の見解ですけれども、そういう感じで選択をしています。

加藤 会社に在職中か、退職後か、そのあたりは関係しますか。

水口 残業代請求で相談に来る方は、やはり退職している方が99％ですね。在職中に残業代請求をするという人はまずいないですね。良いか悪いかは別として、それが実態になっています。

2　使用者側弁護士のとるべき対応

加藤 次に、使用者側の弁護士として、従業員からこういった請求を受けていると会社側から相談を受けたときに、どういったポイントで相談を受けるか、アドバイスをするかということについて、和田先生から教えていただきたいと思います。

和田 まず、労働者側が主張している時間外労働時間について、労働時間性を否定する主張・立証ができないかを検討します。労働者側がどのような方法で労働時間性を立証しているかによって、使用者側の主張・立証も異なってきます。労働者側が、タイムカードなどの客観的資料で立証してきた場合には、そのタイムカードの示す出勤時刻と退勤時刻との間に、労働時間ではない時間が含まれていないか、チェックすることになります。たとえば、始業時刻よりかなり早く出勤していても、それは、通勤時の混雑を避けるためであり、始業時

刻前には仕事はしていなかった、というような場合がありえます。また、労働者側が、自分で記録した手帳など、必ずしも客観的とはいえない資料を根拠に残業時間を主張している場合には、その職場の過去の行事などの客観的な記録と矛盾しないか等を点検していきます。さらに、就業規則の規定する休憩時間または仮眠時間にしばしば稼働したからその時間は労働時間であるという主張に対しては、稼働した頻度が極めてまれであったとの主張・立証ができないかを検討します。

　次に、労働時間性の問題とは別に、その労働者がどのような時間管理を受けていたか、あるいは、そもそも時間管理を受けていなかったかを確認します。まず、管理監督者（労基法41条2号）に該当するのであれば、時間管理を受けませんから、時間外・休日労働の割増賃金（同法37条）の請求は理由がないことになります。また、みなし労働時間制のうち、事業場外労働時間のみなし制（同法38条の2）が適用されるならば、原則として、所定労働時間労働したものとみなされますし、専門業務型裁量労働制（同法38条の3）や企画業務型裁量労働制（同法38条の4）が適用されるのであれば、労使協定なり労使委員会で定めた時間、労働したものとみなされます。さらに、変形労働時間制（同法32の2～5）が適用される場合には、ある日に8時間を超えて、また、ある週に40時間を超えて労働しても、直ちに割増賃金の支払いが必要になるわけではありません。もっとも、以上の管理監督者以下の主張が裁判所で必ず認められるとは限りませんから、先に述べた労働時間性を否定する主張・立証はやはり必要です。

　次に、割増賃金の計算についてです。労働者側が割増賃金の算定の基礎としている賃金の中に、いわゆる除外賃金（割増賃金の算定の基礎としなくてよい賃金。同法37条5項、労基法施行規則21条）が含まれていないかを検討します。また、すでに割増賃金を支払っていないかを確認します。時間外労働の割増賃金として定額払いをしている場合や、残業代の性質を有する手当を支給しているような場合がこれに当たります。これらの場合には、その部分の賃金は、残業代算定の基礎となる賃金には含まれませんし、さらに、算定された残業代から控除することができます。

なお、請求にかかる残業代が、所定時間外労働の残業代なのか、法定時間外労働の残業代なのか、すなわち、請求が就業規則等に基づいているのか、それとも労働基準法に基づいているのか、その点も時々混乱することがあるので、整理することが大切です。

　次に、時効援用の余地がないかを確認します（同法115条）。労基法上、時効期間は、月給については2年、退職金については5年です。

　次に、今述べた時効の問題と関連するのですが、最近、労働者側が、この2年の時効を超えて請求するために、残業代不払いが不法行為（民法709条）に当たるとして、時効期間は民法724条の規定する3年であると主張するケースがあります。残業代を支払わなかったことについての使用者側の態様が悪質な場合には、請求が認容されることがありますが、労基法の2年の時効期間を事実上無視することになるので、裁判所は残業代不払いが不法行為に該当すると判断することには慎重なようです。

　また、先ほどからお話の出ている付加金（労基法114条）についてですが、裁判所は、使用者側の違反の態様等を総合的に考慮しつつ、付加金の支払いが相当であるか否かによって、付加金を払わせるか、払わせるとしても一部にとどめるかを判断しています。

　さらに、賃金の支払の確保等に関する法律6条1項、同法施行令1条は、未払い賃金について、退職後は年14.6％の遅延利息を支払うことを規定していますが、その例外として、「支払が遅滞している賃金の全部又は一部の存否に係る事項に関し、合理的な理由により、裁判所又は労働委員会で争っている」期間はこの規定を適用しないことになっています（同法6条2項、同法施行規則6条4号）。

　したがって、残業代不払いが不法行為に該当しないようにするため、付加金の支払いの減免を受けるため、また、賃金の支払の確保等に関する法律の14.6％の遅延利息を回避するためには、残業代の不払いの態様の悪質さを少しでも否定するために、先ほど申し上げた労働時間性、労働時間管理についての例外的取扱い、および割増賃金の計算方法等について、結果的に裁判所に認められなくても、使用者側のとった考え方に少しでも合理性があるならば、それ

をていねいに主張・立証しておくことが大切です。

　以上は、法律的な観点から申し上げましたが、残業代請求の訴えが提起された場合には、まだ訴えは提起していないが、訴えを提起した労働者と同じように残業代を請求できる労働者が他にもいるか否かを確認します。仮にそのような労働者がいる場合には、訴えを提起した労働者と簡単に訴訟上の和解をすることには慎重を要します。他の労働者からの残業代請求訴訟を誘発しかねないからです。特に、まだ提訴していない労働者がすでに退職している場合には、未払い残業代請求権が、時間の経過により、2年の時効にかかって順次消滅していくことに留意する必要があります。

　他の労働者についても留意すべきなのは、裁判外で残業代請求を受けた場合も同様です。

3　裁判所における対応

加藤　先ほど、水口先生からは、証拠が十分に揃わない場合は訴訟をまずは考えるというお話がありました。そこで、渡辺判事には、労働審判において、残業代請求は実際にどのような形で取り扱われているのか、そのあたりをお話いただけたらと思います。

渡辺　残業代については、何からお話したらいいかわからないぐらい、思いがいっぱいだということを、まず申し上げておきたいと思います。先ほど少しお話した、東京地裁労働部で出している『労働事件審理ノート』という本は、当時の労働部の右陪席が分担して書いたものですが、残業代については、実は私が書きました。

　立証責任の問題からすると、労働時間をどのように把握するかは重要なことです。客観的立証責任は、原告である労働者側が負っています。ただ、労働時間については労働基準法による厳しい規制があるわけですから、そういう意味では、労働者側は、労働時間はこれだけだったということをきちんと説明し、会社は、それに対して反論・反証しなくてはいけません。労働時間の管理義務があるという意味では、タイムカードがなくても、ある程度客観的な資料で、

「私はこれだけ労働をしたんだ」ということを労働者が主張・立証したら、会社はそれに有効かつ適切に反論・反証ができなければ、立証の負担の意味で労働者はすでに立証責任を尽くしているといえます。

　最近では、労働者が、カレンダーか何かに、残業時間を何時から何時までと同じような字でずらりと書いてあるものを持ってきて、「ほら、このような客観的な証拠があるから、残業代が認められてしかるべきだ。ここに客観的な証拠がある。文句があるなら、会社は反論・反証してみろ」と申し立ててくることが、労働審判であれ訴訟であれ、大変多いです。そういう人たちに、「これは、客観的証拠でしょうか」というと、「何をいっているんだ。東京地裁労働部が書いた本にも書いてある」などと返って来るものですから、「それは私が書いたのです。カレンダーに何時から何時とただ漫然と書いてあるこれが、はたして客観的証拠といえるのでしょうか。あなたは日本語をおわかりにならないのですか。それは、熊を見てパンダだというようなものです」と応じたりします。

　すみません、品がなくて恐縮ですが、最近の事件には、労働者が根拠があまりないにもかかわらず申し立ててくるような傾向があります。いや、もちろん、もしかしたら会社がよりいっそう悪い可能性はあるのです。全然管理もしていなくて、根拠も、これは何だろうというようなものしか挙げられないといった場合も考えられます。労働者が、証拠も根拠も何もないのに申し立ててきて、会社側に聞くと、それに輪をかけて非常に不十分な証拠しかないようなのでは、全く困ります。私は、当事者のことを別に侮辱するわけでも何でもないのですが、「うーん、どっちもどっちだ。いい勝負をしているな」と思わされるような事件が、大変増えてきています。最近は、とりわけ残業代請求事件の領域で増えているように思います。

　さて、そういう事件を、実際問題としてどういうふうに進めるかというと、まず、われわれ裁判官は両当事者に、いったん訴訟になると、残業代請求事件というのは多大な時間と手間のかかる訴訟だ、ということを一所懸命に説明します。これは本当にそうなんですね。おそらく労働基準法の基本的な建前は、平成○年○月○日は○○時○○分から○○時○○分まで使用者による支配の下

で労働していて、それが8時間を超えるから、1.25倍なら1.25の法定の割増率が認められる、というものです。法律の構造は基本的にそのようになっていますので、そういう意味では、本当のことをいうと、たとえば、400日なら400日の労働の1日1日かっちり、当事者によって基本的には主張・立証してもらわないといけません。しかし、使用者にとっては、労働者が仮にその時間にタイムカードを押していても実際は働いていないのだとか、あるいはタイムカードがない会社の業務日報にこういうふうに書いてあるけれども、実はそれは違うのだとか、そういうようなことを基本的には主張・立証しないといけないというのは、実に気の遠くなるような話でしょう。

　最近はエクセルの表計算ができたおかげで、手計算しないで済んでいますが、かつて手計算でやっていたときは何回計算しても合わないこともありました。判決を書かされている身の上からすると、1円でも違っていると、上訴審で破れてしまいますので、ここは遠慮会釈なく、両当事者の弁護士の方に山のような釈明事項を掛けて、「この釈明に答えられますか。そういうところでやっているんですよ」などと強く申し上げて、なだめたり、すかしたりしながら、何とか和解に持ち込んでいます。訴訟であれ労働審判であれ、ややそういう実情があるということは申し上げられるのではないかと思います。

　ただ、厚生労働省の省令には、1分単位で計算しなければいけないという規定がありますので、判決では、1分単位で計算して1円単位で支払額をきちんと決めなければいけないわけですが、一般論としては、「大まかにはこれぐらいになりますね、支払い額は概算でこれぐらいからこれぐらいじゃないでしょうか」というようなベースを設けて、和解をお勧めしているケースが多いといえると思います。

　一方、労働審判ではどういうふうに取り扱われるかということですが、これも1日1日を客観的に確定するとなると、労働審判で解決することはそもそも無理でしょう。何百日分の労働時間を、3回だけの手続で1つ1つ審理できるかといわれると、それは難しいといわざるをえません。

　ただ、先ほど水口先生からもお話がありましたが、タイムカードが割合ときちんと出ているという事件であれば、機械的に計算して、ある程度はそこで、

Ⅲ　残業代請求事案の解決手段

管理監督者性の問題や、そういう論点に応じて敗訴リスクと勝訴の見込み、また短期間で紛争を終結させることによるメリットをどう考えるかなど、そのあたりの問題をいくつか組み合わせて説明した上で、調停案を提示します。ときには、幅を持たせた調停案を出すこともあります。「支払い額は、厳密には1円単位で計算しなければいけないが、大まかには百何十何万円から二百何十何万円ぐらいで、そうだとすると、これぐらいで解決したほうがよろしいんじゃないでしょうか」、というような具合で説明するケースが多いです。

　それと、残業代請求事件というのは極めて機械的な訴訟類型だということも、労働者と使用者の両方に説明して、和解を勧めています。残業代請求事件では、大体、解雇された労働者や、会社に恨みをもって自分から辞めたといったような人が訴えることが割合と多いのですね。労働者は、この会社がいかにひどい会社かということを一所懸命に主張し、使用者は、いかにこの人物が使いものにならないかということを必死になって主張するのですが、これは、判決には何の関係もないんです。「平成○年○月○日は○○時○○分から○○時○○分まで働いていて、それは使用者の支配の下で労働していた」、ということが要件なわけですから、言い方は悪いですが、仕事の出来が悪くても、それがどうしたということになるのです。理屈の上では、仕事の出来が悪いから給料を減らせるというものでもないのです。そういう意味では、当事者の思いと判決とが、全く合致しないわけですね。判決では極めて機械的にドライに書いています。

　おそらく、訴訟あるいは労働審判によって残業代を請求したいと願う当事者には、いろいろな思いがあるのだろうなということは、私としては十分理解できます。また、それは使用者側も同様であることも非常によくわかります。しかし、率直にいうと、客観的な資料をきちんと分析すれば、大体の支払い額は算出することができます。管理監督者性の話も、客観的な資料で全部わかってしまいます。大体こちらのほうになりそうだなというところも、ある程度は見通しがつくのです。ですから、1円、10円の単位でしゃかりきになって、かなり長期間かけて釈明事項を百何十項目と審理するよりは、こういうベースで話合いをしましょうよと、強くお勧めしているケースが多いのです。

それが労働審判になりますと、「早期の解決だから」とか、「ちょっと申立人の根拠が頼りないのではないですか」、「そうはいっても、会社側の対応は全くひどいですな」というように、会社側にもいろいろと説明して、「不本意ではあるが支払いに応じてもよい」という話までもって行きます。残業代請求事件は、ぎりぎりまで争われると労働審判では太刀打ちできないのですが、そうはいっても、労働基準法にはこういう建前があってといったことを、一所懸命に申し上げたりして、現状では、比較的高い解決率を保っているといえようかと思います。長くなりましたが以上です。

4　労働局における対応

加藤　次は行政側から、岸本室長にお願いしたいと思います。まず、ワンストップサービスについて、労働者から総合労働相談コーナーにいろいろな事案が上がってきて、そこでいろいろな機関へ振分けをするというお話がありましたけれども、この残業代請求の事案に関しては、どのように扱っているのでしょうか。

岸本　総合労働相談コーナーは振分け機能をもっていますので、残業代の不払いを含めて賃金不払い事案であっても、まずそこにご相談いただくということで結構です。実際、日々そのような相談は多数寄せられていますが、賃金不払いの場合には、通常、労働基準法違反のおそれと直結しますので、最初に総合労働相談コーナーで相談の内容を聞いて、管轄の労働基準監督署に取り次ぎ、以降はそちらで処理するというのが一般的な処理の仕方です。そして、労働基準監督署は労働基準法違反に関しては司法警察権限を持っていますので、事業場に赴いて、賃金台帳やタイムカード、そういった資料・帳簿類も確認しながら、時間外労働の時間がどう扱われていたのかについての調査を進めていきます。

その結果、会社側の記録がきちんとしていて、労働者が主張するような事実はなく、残業代は適正に支払われていたという結論に至った場合はよいですが、時間外労働の時間について労使双方とも根拠が曖昧で、適正な支払いがあ

ったという結論に至ったわけではないけれども、不払いが生じているので是正を命ずるまでの根拠も見当たらないようなケースについては、労働基準監督署としては司法警察権限の行使として、疑わしきを罰するわけにはいきませんので、処分を留保せざるをえないということになります。

　その場合、これまで実例はないのですけれども、仮に、相談者が総合労働相談コーナーに戻ってこられて、さらにあっせんで解決したいというような話があったときに、たとえば、労働者側が50時間残業したと主張する一方、会社が15時間だったと主張していて、あっせんの過程で、会社が25時間までは残業をさせていたことを認めましょうといったら、その瞬間に会社は10時間分の不払いを認めたことになります。ですから、賃金不払いの事案は、労働基準監督署で解決できなかったものは、総合労働相談コーナーに戻されても解決ができないのです。そういう意味では、労働基準監督署の出番であって、総合労働相談コーナーの出番ではない、そういう紛争類型だといえます。いわばブラックなものを、労基署が司法警察権限の行使でもって解決を図り、ホワイトなものはもともと問題がありませんが、グレーなものを弁護士の方に大変ご苦労いただいているわけで、恐縮しております。

Ⅳ　セクシュアル・ハラスメント事案の解決手段

加藤　それでは、もう1つのテーマ、セクシュアル・ハラスメントの問題です。今回は、パワー・ハラスメントにまでテーマを広げる時間がなかったので、セクシュアル・ハラスメントに絞らせていただきます。実際には、単にセクハラのみの問題ではなくて、退職問題が絡んだりすることが多いのかもしれないですが、まず、労働者側からそうした相談があった場合、こういう点に気を付けなければならないとか、解決手段の選択のためには、こういう点を相談を受ける際に聞いておかなければならないといった留意点を、水口先生にお願いいたします。

1　労働者側弁護士の対応

水口　セクハラ事案の場合には、1つは、セクシュアル・ハラスメントの被害を受けたから損害賠償請求をしたいというストレートな相談と、もう1つは、解雇あるいは雇止めをされたのは上司からの誘いを断ったことによる報復だというような、他の問題が絡んでいる相談と、2種類あります。私が扱うのは、後者のほう、解雇事件や雇止め事件が絡んで、自分が成績不良といわれているのは、以前にその上司の誘いを断ったことが原因だと主張して、紛争になるような事件が多いですね。

　解雇事件などは、会社側は、もちろんそういうことは認めません。たとえば、成績不振とか、景気の悪化に伴う経営上の理由による雇止めなどと主張してきます。要は、解雇や雇止めが、セクハラについて苦情申立てをしたり、拒んだことに対する報復的な措置なのか、それとも客観的・合理的な理由で解雇・雇止めしたのかという点が、争点になっていくので、こちらの事件の中心は、解雇理由に、客観的・合理的な理由があるか否かに尽きるという場合が多いですね。

　もちろん、ストレートなセクハラ事案の相談を受けたことはありますけれども、代理人になった経験は私自身にはあまりありません。深刻なセクハラ事案のような場合には、依頼者が女性の弁護士のほうがいいと希望されることも多いので、事務所にいる同僚の女性弁護士に受けてもらっています。あるいは、そういうセクハラの被害を受けた女性の相談を、特に専門的に扱っている女性弁護士の弁護団もありますので、そちらにお願いするケースが多いです。

　相談の際の留意点は、普通の解雇事件などと基本的には同じなのですが、特徴的なことは心理的なケアの問題ですよね。この問題については、ケアをするという観点、カウンセリングするという観点が必要になってきます。私などは、いつも事務所の女性弁護士に、そういう観点が足らないと怒られています。「法律的に理詰めで進めるというのは、かえって傷つけるものです」と、よくしかられるんですけれども、その点をサポートするように配慮しなければいけません。先ほどの過重労働等によるうつ病の相談などと同じように、心理的な面をきめ細かく配慮しなければいけないと思います。

それと、選択肢については、ご本人は、こういうことを公開の手続で争いたくないという気持ちが当然ながら非常に強いので、本訴については、皆さん躊躇される場合が多いです。裁判所を使う手続でいくと、労働審判は非公開になりますので、セクハラには向いていると思います。多くの場合は、おそらく、各都道府県の労働局雇用均等室の調停が一番適しているだろうと思います。ただ、呼び出しに強制力がないとか、いろいろな限界はあるでしょう。かつては、なかなか調停を開始してもらえなかったと批判を受けたこともあったと思いますけれども、現在は、男女雇用機会均等法18条で整備されているので、今後は、こちらのほうが主流になっていくのかもしれません。

　裁判所の労働審判の場合には、相手方、すなわち加害者といわれている人と、申立人とが同席しないように配慮されています。ある女性の依頼者は、労働審判で申し立てたときに、たまたま労働審判員の1人が女性だったのですが、女性がいたことで非常にほっとしたといっていました。労働審判員には女性が少ないようです。多分、機械的に配転されていると思うのですが、こうしたセクハラ事件等の場合には、やはり審判員あるいは裁判官の中に女性が最低1人はいるということが、必要だと思っています。私からは以上です。

2　労働局雇用均等室における対応

加藤　では、今、お話に出ました労働局雇用均等室の調停についても、岸本室長からご説明いただきたいと思います。

岸本　先ほどの講演では割愛した部分もありますので、資料もご覧いただきながら少しご説明したいと思います。

　図表2では、労働局の雇用均等室で行っている相談の実績を挙げてあります。平成20年度は25,000件余りの相談を受けましたが、このうち、セクシュアル・ハラスメント関係の相談が最多で、図表3の円グラフで示されているように約13,500件、53％がセクシュアル・ハラスメントの事案です（平成23年度は23,000件余りの相談のうち約12,200件、53％）。いまや、雇用均等室の業務量のかなりの部分を、セクシュアル・ハラスメント対策が占めているという状

図表2　相談件数推移

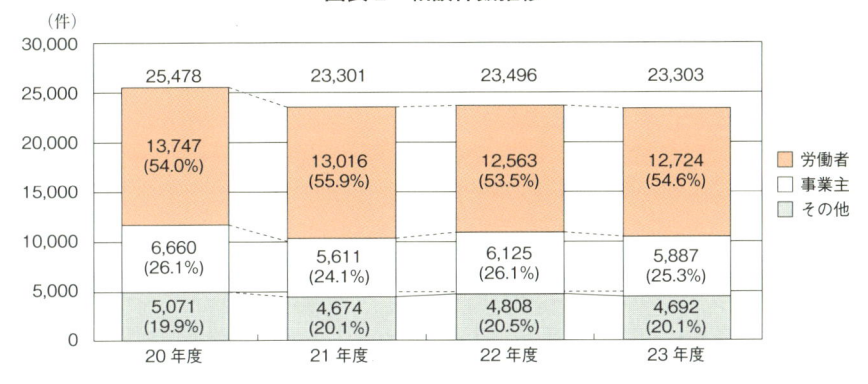

	20年度	21年度	22年度	23年度
合計	25,478	23,301	23,496	23,303
労働者	13,747 (54.0%)	13,016 (55.9%)	12,563 (53.5%)	12,724 (54.6%)
事業主	6,660 (26.1%)	5,611 (24.1%)	6,125 (26.1%)	5,887 (25.3%)
その他	5,071 (19.9%)	4,674 (20.1%)	4,808 (20.5%)	4,692 (20.1%)

図表3　相談内容の内訳(平成20年度)

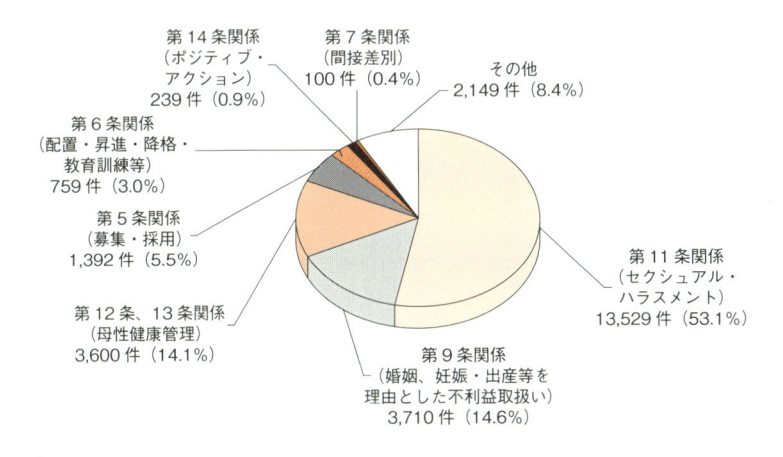

- 第14条関係(ポジティブ・アクション) 239件（0.9%）
- 第7条関係(間接差別) 100件（0.4%）
- その他 2,149件（8.4%）
- 第6条関係(配置・昇進・降格・教育訓練等) 759件（3.0%）
- 第5条関係(募集・採用) 1,392件（5.5%）
- 第12条、13条関係(母性健康管理) 3,600件（14.1%）
- 第9条関係(婚姻、妊娠・出産等を理由とした不利益取扱い) 3,710件（14.6%）
- 第11条関係(セクシュアル・ハラスメント) 13,529件（53.1%）

況です。

　さらに、このセクシュアル・ハラスメント事案は、男女雇用機会均等法に基づき個別労働紛争解決促進法の特則として、この法律に基づく調停手続をもっています。平成20年度の調停申請受理件数は全体で69件でしたが、このうち54件、78％がセクシュアル・ハラスメント関係で、調停制度の主たる利用者がセクシュアル・ハラスメント事件の当事者であることがわかります（平成23年度は78件のうち53件、68％）。

具体的な解決例については、図表4に少しご紹介していますけれども、たとえば、上司の執拗な誘いを無視したところ、その後は重要な仕事の連絡等を伝えてもらえなくなったという事案で、慰謝料の支払いと再発防止策を実施することを調停案として示し、相手方が受諾して決着したというものがあります。
　セクシュアル・ハラスメントについては、男女雇用機会均等法11条で、事業主は、職場において行われる性的な言動に関する労働者の不利益について、そうしたことが起こらないような雇用管理上の措置を講じなければいけないという義務があると明記されています。また、その義務を履行するために具体的に何をすべきかについて、厚生労働大臣のガイドラインが定められています。これが、パワー・ハラスメント事件との大きな状況の違いです（パワー・ハラスメントについては、平成24年3月に厚生労働副大臣が参集した「職場のいじめ・嫌がらせ問題に関する円卓会議」（座長：堀田力　さわやか福祉財団理事長）が「職場のパワーハラスメントの予防・解決に向けた提言」を取りまとめました。これは労使、有識者および政府が初めて一堂に会してパワー・ハラスメント問題について話し合った成果をまとめた重要な意義を持つ提言ですが、厚生労働大臣が法律に基づいて定めたセクシュアル・ハラスメントに関するガイドラインとは法的な位置付けが異なります）。
　性的な言動とは具体的にどういうことかということは、ガイドラインに書いてあるように、たとえば、性的な事実関係を尋ねること、性的なうわさを意図的に流布すること、性的な冗談やからかい、食事やデートへの執拗な誘い等々が挙げられます。こういったことを手がかりにして、もちろん、労働局の雇用均等室は司法機関ではないので本当の意味での白黒をつけられるわけではないですけれども、両当事者を交えて調停を進めていく過程で、白の事案、黒の事案とも、それぞれ両当事者からある程度は納得が得られるようになります。こうしたことは、調停案が書きやすい事情としてあります。
　また、防止措置といいますか、雇用管理上の措置としても、会社としてセクハラは許さないという方針を明確化してくださいとか、相談体制を社内の人事部などに設けてくださいとか、そういったことを調停案の中に書き込みます。これも、何の手がかりもなければ書き込めませんが、同じくガイドラインの中

図表4　男女雇用機会均等法に基づく機会均等調停会議による調停事例

事例1　妊娠したことを理由に退職を強要されたとする事例

〈概要〉
　申請者が事業主に妊娠を報告したところ、執拗な退職の強要を受けたとして、事業主に対し、金銭的解決を求める調停申請を行った。

〈労働者の主張〉
・退職の強要は、妊娠の報告直後から始まったものであり、明らかに妊娠したことが退職強要の理由である。
・強要により就業継続が困難となり、退職せざるを得なくなったため、本来働き続ければ得られたはずの期間の賃金補償を求める。

〈事業主の主張〉
・退職勧奨の理由は、妊娠の報告を受ける以前からの申請者の資質や協調性について改善の見込みがないと判断したためである。
・妊娠を理由とする退職の強要ではない。

〈結果〉
　調停委員は、申請者が妊娠の報告をした時期と、事業主が退職勧奨を行った時期が近接していること等の事情を総合的に勘案した上で、紛争の解決のため、申請者に対する解決金の支払いについての調停案の受諾を勧告。双方が受諾し、調停は終了した。

事例2　セクシュアル・ハラスメントにより退職に追い込まれたとする事例

〈概要〉
　上司からの執拗な誘いを拒否したところ、申請者を無視したり重要な仕事の連絡を伝えてもらえなくなり、精神的に就業継続が困難となり辞めざるを得なくなった申請者が会社に相談したが、対応してもらえなかったため、会社に対し慰謝料を求める調停申請を行った。

〈労働者の主張〉
・会社に対し相談したが、事実確認が不十分でその後の対応が不適切である。
・セクシュアル・ハラスメントを受け、辞めざるを得なくなったのは、会社のセクシュアル・ハラスメント対策が不十分なため、上司にセクシュアル・ハラスメントがあってはならないものであるとの認識がないためであるので、精神的ダメージによる慰謝料を求める。

〈事業主の主張〉
・行為者に対し事実確認を行い、コミュニケーションであると本人は主張したが、誤解を招く言動について厳しく注意しており、十分対応したつもりであるため、慰謝料を支払うつもりはない。

〈結果〉
　調停委員は、今回の紛争の生じた原因に会社の対応不足があったことを指摘し、紛争の解決のため、申請者に対する慰謝料の支払いおよび意識啓発等の再発防止策を含め、法に沿ったセクシュアル・ハラスメント対策を講ずるよう調停案の受諾を勧告。双方が受諾し、調停は終了した。

に、会社にお願いしたい雇用管理上の措置が9項目ほど列記されているので、その中から事案の実情に沿ったもの、すなわち、すでに実施しているものを書き込んでも仕方がないので、まだ取組みが漏れているなというものを、調停案に書き込んでいます。こうような形で、調停案が書きやすい法体系になっています。

　解決率は、個別労働紛争解決促進法に基づくあっせんは約33％、男女雇用機会均等法のほうは約45％となっています。これでも高いといえるかといえば微妙な数字ですが、総合労働相談コーナーのあっせんと比べると一回り高い数値になっているのは、今お話したようなことが影響しているのではないかと思います。以上です。

3　使用者側弁護士の対応

加藤　セクハラについて労働者からいろいろ訴えがあったが、使用者側としてどのように対応したらよいかという相談を受けたときの会社へのアドバイスを、和田先生からお願いします。

和田　まず、手続面ですが、もし労働審判の申立てという形でこの事件が出てくれば、できるだけ労働審判手続の中で解決するのが適切です。つまり、労働者側が公開したくないと思っているのと同じように、会社側にも、こういう破廉恥な事件は公開したくないという思いが当然ありますので、非公開の労働審判手続の中で解決するように会社に助言しています。

　もう1つ、手続面で気を付けなくてはいけないのは、会社と加害者である従業員との間に、利益相反があるという点です。なぜなら、加害者がセクハラを行ったと会社が判断して、その加害者を懲戒処分にした場合に、加害者とされた者が、セクハラを行っていないから処分は無効であるとして、会社を訴えるという事態になったり、被害者から会社が訴えられて損害賠償を支払った場合に、全額でないにしてもその加害者に対して会社が求償するという事態になったりするかもしれないからです。したがって、被害者が加害者を訴えたような場合に、会社の代理人弁護士が加害者の代理人を兼ねるべきではないのです。

ただし、両者の代理人が適宜連絡が取れるようにしておくことは必要です。被害者の訴え等に対して防御をするという点においては、利害が共通しているからです。

それから、今、少し触れましたけれども、セクハラの問題というのは三面の問題があります。第1は、先ほどから出ているように、会社は、男女雇用機会均等法11条に基づいて、国に対して、同条に挙げられた措置をとる義務を負っていることです。第2は、会社が被害者に対して損害賠償責任を負うということ、さらに、第3は、会社が加害者に対して懲戒処分をすること、あるいは求償することです。この三面があることに、注意する必要があります。

また、これは水口先生のお話にもありましたけれども、セクハラ事案は特殊性をもっています。被害者のメンタルな問題に発展しやすいという点です。特に女性の場合は、メンタルにダメージを受けることが多いですが、それがもっとひどくなると、出勤できないという事態になります。事案によっては、労災の問題にも発展していきます。ですから、セクハラ問題の取扱いは、十分注意しないといけません。たとえば、セクハラが発生した後の会社の対応、すなわち、調査過程で、被害者に2次被害が生じないようにすることにも留意する必要があります。

さらに、問題となるのは、事実の確認です。ご承知のとおり、セクハラ行為については、客観的な記録は通常は残っていません。そのような場合、使用者の中には、本人がセクハラ行為を行ったことを認めないと、セクハラがあったことを認定できない、さらには処分できないと思っている方がいます。しかし、被害者・加害者双方の陳述の内容やその具体性等から、セクハラ行為があったという認定が可能なこともあります。ただ、私も、セクハラの有無に関する調査に直接立ち会ったことがありますが、当事者や関係者の陳述だけからセクハラがあったと認定することは、やはり困難な作業でした。

4　労働審判手続でのセクシュアル・ハラスメント問題の対応

加藤　それでは、最後に、渡辺判事から、労働審判の中でセクハラ事件がどのように扱われるのかについて、なかなか難しいところだとは思うのですが、一

言お願いしたいと思います。たとえば被害者には、証人であれ加害者とは顔を合わせたくないとか、声も聞きたくないとか、いろいろな要望があると思うのですが、そのあたりへの配慮も含めてお話いただければと思います。

渡辺 これも何を申し上げればよいのか、非常に悩みの深いところではあるのですが、私はおかげさまで、セクシュアル・ハラスメントの事件については得意です。「セクハラが得意だ」というと、いろいろ誤解が生じてしまうのですけれども（笑）。

先ほど、和田先生からもありましたが、セクハラ事件には二面性があります。1つはセクハラ解雇、上司と会社の事件ですね。それと、セクシュアル・ハラスメントを受けた側が会社や上司に対して損害賠償を請求する事件と、大きく2種類の事件があります。私が8年前に労働部に配属されたときにも、ある程度事件数はあったのですけれども、当時は和解が成立するのはまれで、ほとんどは判決を書きました。そのおかげで、もちろん、厚生労働省のガイドラインも十分理解していますし、主要な企業のセクシュアル・ハラスメント防止マニュアルとか、そういう類もほとんど頭に入っています。そういう意味では、私はセクハラ事件のプロだといえますが、これは非常に時代背景と関わっていると思います。

平成19年に労働部に復帰した後は、割合と和解が成立するようになりました。おそらく、男性側の、いえ、男性とは限りません。最近は、女性の上司による事件もありますし、この間は男性対男性という事件もありました。いずれにせよ、上司の意識、会社の意識が、おそらく、厚生労働省のご努力もあって非常に変わりつつあり、そのために、最近は割合と和解が成立しやすくなっていると思います。

それでもやはり判決を書かなければならない事件もあるのですが、事実認定はたいそう難しいです。和田先生がおっしゃったことに、心から同意いたします。判決を山ほど書いて、事実認定が非常に難しいことを実感しましたが、これは、私が以前に刑事事件を扱っていた頃にあった強姦の否認事件に近い印象を受けました。密室の中で行われたと主張される事実認定に関して、被害者に

同意があったかどうか、行為の事実があったかどうか、非常にきわどく、厳しい事実認定を強いられる事件が多いところは、こういう事件をご担当になったら、頭のどこかに置いておかれるとよいのではないかと思います。

　労働審判に関して申し上げると、セクハラ問題単体の事件というのは、私も1、2件しか経験していません。しかもその事件は、被害者を殴ったという事実が付随していました。殴ったし、セクハラしたという事件で、相手方は殴ったことは認めていましたので、「まあ、まあ、早期の解決をしましょうよ」といって、話合いで解決できたという事件でした。ほかに、解雇事件にセクハラ問題が含まれているという場合も、割合と多く経験しています。

　先ほども申しましたが、以前に比べると、「丸く収めましょう」というふうに、話が通じやすくなっているところがないわけではないのですが、ただもしかしたら、思っていたよりは、やや少額の和解となる可能性があるかもしれません。解雇の有効・無効といった問題と合わせ技で和解や話合いを勧めている労働審判では、そういう事件が多いといえようかと思います。

　それと、使用者と上司を訴えるときには、上司に対して労働審判を申し立てても却下になります。多くの事件は、大体、上司が関係者として出頭していて、調停がまとまるときは、上司は利害関係人として入って、それで三面和解をします。もちろん、先ほど和田先生がおっしゃったような問題があって、代理人という形でなくて、上司本人が利害関係人として入って調停を成立させるというケースも比較的多いということは、これも実際に調停が成立すればの話ですけれども、そのようにいえようかと思います。

　私からは以上です。

加藤　それでは、閉会の時間になりました。多岐にわたってテーマを取り上げたものですから、なかなか回答しにくい点もたくさんあったと思いますが、先生方、ありがとうございました。第1部から第3部では先生方にかなりの分量の講義をしていただいたのですけれども、皆様には、このパネルディスカッションを通して、それらをさらに理解していただけたならば幸いです。長時間にわたるご清聴、ありがとうございました。

資料目次

- 資料 *1*-① 事　例…110
- 資料 *1*-② 労働審判手続申立書…113
- 資料 *1*-③ 答弁書…123
- 資料 *2*-① 普通解雇に関するあっせんを申請する場合の記載例…132
- 資料 *2*-② 配置転換に関するあっせんを申請する場合の記載例…133
- 資料 *2*-③ いじめ、嫌がらせに関するあっせんを申請する場合の記載例…134
- 資料 *3*-① 普通解雇をめぐり和解金の支払いを求めたあっせん事例…135
- 資料 *3*-② リストラを理由とする解雇予告の撤回を求めたあっせん事例…137
- 資料 *3*-③ 退職金規程の変更を理由に退職金額を半額に減額されたことをめぐるあっせん事例…140
- 資料 *3*-④ 現場責任者からの嫌がらせをめぐる助言・指導事例…142
- 資料 *4*　個別労働紛争解決制度一覧表…144
- 資料 *5*　個別労働関係紛争解決手続総覧…154

資料1-① 事 例

（資料1-①～1-③は『労働関係訴訟』（渡辺弘著、青林書院・2010年）51頁～54頁・319頁～337頁より転載）

（前提となる事実関係）

1　Yは，不動産販売等を業とする株式会社で，代表者Aのほか，従業員はX就職時で14名であった。Xは，29歳の男性である。

2　Xは，平成20年9月24日，ハローワークでY作成の「トライアル雇用求人票」を見て，Yに就職を申し込み，Yとの間で労働契約を締結した。労働条件は次のとおりであり，面接の際に，Y代表者Aからトライアル雇用求人票のとおりの説明があった。

　　ア　労働契約の期間は平成20年10月1日～同年12月31日
　　イ　基本給月額26万4000円（各月末日締め，翌月5日支払）
　　ウ　勤務時間は午前8時30分から午後5時30分（昼の休憩1時間）
　　エ　休日は完全週休2日制で，祝日，年末年始（12月29日～1月3日），夏季休暇が8月中に3日間
　　オ　通勤手当8000円（従業員全員に一律支給）
　　カ　雇用形態　正社員（トライアル雇用併用）
　　キ　試用期間（3か月）中は基本給のみ

　　トライアル雇用というのは，厚生労働省がハローワークで行う補助金事業であり，対象者（35歳未満のいわゆるフリーターを含む。）に対し，3か月間の雇用期間を設定してトライアル雇用をし，3か月経過後に本採用するか，再度の求職をするかを決めるもので，雇用主がこのトライアル雇用をすれば，国から一定の補助金が交付される制度である。

3　Yの就業規則の試用に関する規定は，以下のとおりである。

　　①　新たに採用した者には，採用の日から3か月間を試用期間とする。
　　②　試用期間中又は試用期間満了時に技能，勤務態度，人物及び健康状態等に関して，社員として不適当と認めたときは，採用を取り消す。ただし，採用後14日を超えて採用を取り消すときは，第59条の解雇予告の手続（注―労働基準法に定める解雇予告と同一の趣旨の規定）による。

③ 試用期間中は、時間外手当はないものとする。
4 Xは、平成20年10月1日から就労を開始した。仕事の内容は、電話で不動産販売の案内を行うというもので、上司であるBの指示の下に、不動産の情報を顧客に伝え、その反応をカードに記録しておくというものであった。同年11月5日に同年10月分の賃金27万2000円から源泉徴収された賃金が支払われた。
5 平成20年10月31日、Aは、Xに対して、解雇を通告した。後日、YがXの請求に応じて発行した「解雇理由証明書」には、解雇理由として、「①Yの業務について能力不足であること、②業務を教えようとする先輩社員等との折り合いが悪いこと」と記載されていた。この解雇通告の際、Xに解雇予告手当が支払われなかった。
6 Yでは、全社員がタイムカードにより出退勤時刻の管理をされている。Xが雇用されている期間のタイムカード上の時間外労働の時間は、24時間12分であった（休日労働、深夜労働はない。）。他の従業員には、それぞれの計算に基づく時間外手当が支払われていたが、Xには、時間外手当は支払われていない。

(Xの言い分)

　本件は、期間の定めのある労働契約であるから、期間の中途で解雇するには、やむを得ない事由が必要であるし、期間の定めのある労働契約の更新を拒絶する際にも、解雇権濫用法理が類推適用されるから、Yが主張する事由では、やむを得ない事由には該当しないのであり、期間満了時の更新拒絶（雇止め）もまた、解雇権濫用に該当する。

　Yは、能力不足をいうが、Xは仕事を始めてまだ間がないし、Yは、トライアル雇用による補助金を受けていながら、1か月間の雇用だけで解雇するのは、違法な解雇である。また、折り合いが悪いという点についても、単に、Xが気に食わないというだけのことである。Xが先輩社員Bから不動産取引に関して教えてもらった際、当該社員の教え方が非能率であったことを指摘したり、不動産取引の勉強会の際に、Aが質問するようにいったので、端的な質問をしたところ気まずくなったことが

あった。これらは，Yの業務について早く知識を習得しようとするXの熱意の現れであり，これによって解雇を正当化することはできない。解雇予告手当が支払われていないことも，解雇無効の根拠となる。

Xは，Y在勤中に時間外労働をしている。トライアル雇用期間中といえども，時間外手当は当然支払われるべきであり，その支払を求める。

(Yの言い分)

Xは，雇用期間中，奇矯な行動が目立った。Xは，自分の不動産測量の会社での勤務経験をひけらかして，電話で勧誘をする際に，指導担当のBの言うことを聞き入れず，顧客に支離滅裂な内容の話をしていた。内容が不正確だとBが指摘すると，頑強に言い訳を繰り返し，決して改めようとしなかった。また，平成20年10月6日にBが不動産取引について体系立てて説明しようとすると，そのような説明は不動産取引に詳しい自分には相応しくないといったり，Bがレベルの高い説明をした際に，Xが理解しているかの確認をしたところ，自分を侮辱するのかと怒って職場を離れた。

A個人は，トライアル雇用期間中ぐらいは面倒を見ようかと思っていた。しかし，Bをはじめ，先輩従業員は，全員が，このような奇矯な性格のXとともに1日も仕事をしたくない，Xの雇用が続くぐらいなら辞めさせて欲しいと言うに至っている。このような状況のため，Aはハローワークに相談したうえ，トライアル雇用期間満了前に解雇した。

ハローワークで相談した際に，解雇可能だと聞いて，Aは解雇予告手当を支払う必要がないと誤解したため，解雇の際に解雇予告手当を支払わなかったが，もし仮に支払義務があるのであれば，解雇予告手当を支払う準備がある。また，試用期間やトライアル雇用期間は，会社からみれば，まさしく従業員に対する教育期間なのであり，Yは，Xの就業による利益を享受していない。そのため，時間外に職場に残っていたからといって，施された教育を感謝されこそすれ，時間外手当を支払う義務があるとは考えていない。

資料1-② 労働審判手続申立書

労働審判手続申立書

平成21年1月9日

東京地方裁判所　御中

　　　　　　　　　　　申立人代理人弁護士　甲　野　太　郎　印

〒○○○-○○○○　埼玉県川口市久保澤町230番地の3
　　　　　　　　　申　　立　　人　　X
〒○○○-○○○○　東京都港区赤坂西3丁目6番25号
　　　　　　　　　同　代　理　人　弁　護　士　甲　野　太　郎
　　　　　　　　　　　電話番号　　　　　　03-○○○○-○○○○
　　　　　　　　　　　ファクシミリ番号　　03-○○○○-○○○○
〒○○○-○○○○　東京都北区赤羽東4丁目6番50号　前沢ビル3階
　　　　　　　　　相　　手　　方　　株式会社　Y
　　　　　　　　　同代表者代表取締役　A

地位確認等請求労働審判事件

労働審判を求める事項の価額　　　○○万○○○○円
ちょう用印紙額　　　　　　　　　○万○○○○円

第1　申立ての趣旨

1. 申立人が，相手方に対し，労働契約上の権利を有する地位にあることを確認する
2. 相手方は，申立人に対し，平成20年11月1日から本労働審判確定の日まで，毎月5日限り月額26万4000円の割合による金員及びこれに対する各支払期日の翌日から支払済みまで年6分の割合による金員を支払え
3. 相手方は，申立人に対し，5万1870円及びこれに対する平成20年11月6日から支払済みまで年6分の割合による遅延損害金を支払え
4. 相手方は，申立人に対し，5万1870円及びこれに対する本労働審判確定日の翌日から年5分の割合による遅延損害金を支払え

との労働審判を求める。

第2　申立ての理由
1　当事者

　　相手方は，不動産販売等を業とする株式会社であり，代表者Aのほか，従業員は申立人の就職した時点で14名であった。申立人は，29歳の男性である。

2　労働契約の成立

　(1)　申立人は，平成20年9月24日，ハローワークで相手方作成の「トライアル雇用求人票」（甲1）を見て，相手方に就職を申し込んだ。トライアル雇用というのは，厚生労働省がハローワークで行っている補助金事業であり，複数の種類の対象者（35歳未満のいわゆるフリーターを含む。）に対して，3か月間の雇用期間を設定してトライアル雇用をし，3か月経過後に本採用するか，再度の求職をするかを決めるもので，雇用主がこのようなトライアル雇用をすれば，国から一定の補助金が交付されるという制度である（甲2　厚生労働省のホームページ）。

　(2)　申立人は，Aとその妻C（相手方取締役）から面接を受け，平成20年9月29日に採用された（以下「本件労働契約」という。）。その際に，相手方との間で雇用契約書は作成しなかった。もっとも，労働条件については，トライアル雇用求人票（甲1）のとおりの説明があり，雇用期間については，Aから上記のトライアル雇用の趣旨と同様の説明があった。

　　ア　基本給月額26万4000円（各月末日締め，翌月5日払）
　　イ　通勤手当8000円（従業員全員に一律支給）
　　ウ　雇用期間　平成20年10月1日～同年12月31日（3か月間）

3　就業

　　申立人は，平成20年10月1日から相手方の事務所に通勤し，本件労働契約に従って勤務した。仕事の内容は，電話で不動産販売の案内を行うというものであり，営業第2部長と名乗るBの指示の下に，不動産の情報を顧客に伝え，その反応をカードに記録しておくというものであった。申立人は，不慣れななかを，Bないし時折直接に口出しをするAの指示に従って，忠実に職務を遂行した。

4　解雇

　　ところが，平成20年10月31日，Aは，突然，申立人に対して，**解雇す**

ると通告した（以下「本件解雇」という。）。あまりに唐突な解雇通告に対して，申立人は，そもそもトライアル雇用の期間は，まだ終了していないこと，自分としては忠実に業務を遂行していること，解雇予告がないことを指摘して，強く抗議した。しかし，Aは，申立人の抗議に対して，聞く耳をもたないという態度に終始し，ハローワークでも解雇することは認めてもらっているという趣旨不明なことをいって，申立人からロッカーの鍵を取り上げ，翌日から出勤しないように告げた。

同年11月5日，申立人の給与を振り込む口座に相手方から10月分の給与26万4000円が振り込まれ，同月6日に相手方から給与明細が郵送された。しかし，解雇予告手当の支払は現在までない。

5　時間外手当
(1)　時間外労働

申立人は，相手方で勤務していた際に，ほぼ恒常的に，約定の午後5時30分を超過して勤務していた。

残業時間は，申立人が手帳（甲6）に付けていた概算によれば，超過勤務時間の合計は24時間（別紙〔編注――省略〕のとおり）になる。深夜労働，休日労働はない。相手方は，タイムカードにより勤怠管理をしていたのであり，その開示を求めるものである。タイムカードが開示され，正確な時間外労働時間が整理されたならば，それによる時間外労働時間を整理して時間外手当を請求する予定である。

(2)　単位時間単価

労働基準法施行規則19条4号に従って，申立人の所定労働時間を計算すると，契約期間である平成20年10月1日～同年12月31日の所定労働日数は59日で，1日当たりの所定労働時間は8時間なので，契約期間の3か月間の所定労働時間は合計472時間である。

一方，単価の計算に算入すべき賃金，手当は，基本給26万4000円に加えて，通勤手当8000円を算入すべきである。通勤手当は，従業員の要した実額にかかわらず，一律に8000円が支給されていたのだから，これは労働基準法施行規則に定める賃金，手当に該当する。

以上の計算から，1時間当たりの単価は，1729円になる。
27万2000（円）×3（月）÷472（時間）≒1729（円）

(3)　時間外手当

単位時間単価に労働基準法所定の割増率を乗ずると，申立人が受け取るべき時間外手当は，5万1870円となる。

1729（円）×1.25×24（時間）＝5万1870（円）
　(4)　付加金の請求
　　　相手方の主張に対する反論は，後述するところに譲るが，相手方の態度は，労働基準法に正面から抵触する悪質なものであり，裁判手続移行後も，相手方が支払を拒絶する場合は，労働基準法114条にいう付加金の支払を強制すべきである。

第3　予想される争点とそれに対する申立人の主張
1　解雇無効—期間の定めのある労働契約という構成
　　相手方による本件解雇は，以下に掲げる事情によれば，完全に無効なものであり，申立人は，相手方との間で，労働契約上の地位を有する。
　(1)　本件労働契約は，3か月の期間の定めのある労働契約である。もとより，トライアル雇用の制度趣旨に則った本件労働契約は，3か月の経過により当然に終了することは予定しておらず，特に問題がなければ更新されることが当然に予定されていた有期雇用契約であることは，両当事者が意図していることになる。そうすると，日立メディコ事件の最高裁判例（最判昭和61年12月4日判時1221号134頁）にいう雇用継続について労働者の期待利益に合理性がある場合に該当し，更新拒絶についても解雇権濫用法理が類推適用される。そして，この判例法理は，判例による一種の法定更新制度である（菅野和夫・労働法〔第8版〕178頁）から，客観的に合理的で，社会通念上相当と認められる事由（労働契約法16条）が認められなければ，上記の法定更新により，現在まで申立人と相手方との間には，労働契約上の関係が継続していると解釈することができる。
　(2)　そして，本件は，期間の定めのある労働契約の期間内における解雇であるから，「やむを得ない事由がある場合」でなければ解雇することはできないのであり（労働契約法17条1項），労働契約法の規定からすれば，「やむを得ない事由」の立証責任は，使用者側にあり，その基準は，通常の普通解雇の基準よりも厳格なものと解すべきである（菅野・前掲書180頁，181頁）。
　(3)　本件における相手方の解雇理由を検討する。後述の「申立てに至る経緯の概要」に記載したとおり，申立人としては，相手方の言い分を把握しようと努力したが，具体的，客観的な事由は明らかではない。ただ，ようやく入手した解雇理由証明書（甲3）によれば，第1に能力不足，

第2に職場の雰囲気を乱す行為があったと記載されている。申立代理人が相手方代表者との交渉の過程で聞いた内容は，第1の点は，不動産取引に関する知識が不十分であること，第2の点は，知識を授けようとするAないし先輩社員との折り合いが悪いことを指摘するようである。
(4) 第1の不動産取引に関する能力不足の点について
　この点については，申立人が現在，29歳の男性であり，相手方に勤務を始めてから2か月にすぎないという点を指摘したい。
　申立人は相手方に就職する前に，土地家屋調査士の事務所で不動産に関するアルバイト経験があり，不動産取引について興味をもっていたものであるが，不動産販売の仕事は，初めての経験である。年齢も29歳で，Aをはじめ他の従業員は，豊富な不動産販売の業務に従事した経験を有するのだから，申立人を教え導くことにより，その成長を促すのが基本である。相手方は，厚生労働省のトライアル雇用制度を利用して補助金を取得しているのだから，まさにそのような態度を取ることが，本件労働契約締結に際しての両当事者の意思であったものと考えるべきである。
　また，不動産取引の知識の有無は，採用時に一定の試験を課するなり，口頭試問を行う等すれば，容易にその能力を測ることができるのであり，それをしていない本件労働契約においては，通常人の知識がある程度の人材を想定してなされたと解するのが当事者の意思であったと考えるのが適当である。
　ところが，的確な指導を施すわけでもなく，本件のように社員構成からして若い申立人を排除するというのは，トライアル雇用の制度に立脚する本件労働契約の趣旨に反するばかりか，ごく短期間だけ申立人の労働力をつまみ食いしようとするものであって，社会通念に反した行為であるといわなければならない。
　以上のとおり，第1の点がやむを得ない事由に該当すると評価する余地はない。
(5) 第2の指導しようとした先輩社員との折り合いが悪いという点
　この点がやむを得ない事由に該当しないことは明白である。もしもこのような理由による解雇が可能なら，使用者は，「あいつは気に食わない」というだけで，常に解雇ができるという結論を招来しかねない。このような恣意的かつ客観性を欠く理由による解雇は，労働契約法17条の「やむを得ない事由」にも，同法16条の「客観的に合理的な理由」

にも該当しないことは明らかである。

この点に関し，相手方の主張を忖度すると，申立人が勤務中に，先輩社員から不動産取引に関して教えてもらった際に，当該社員の教え方が循環して教え方が非能率であったことから，もっと要領よく教えて欲しいと述べたところ，当該社員が言い方が傲慢だとして申立人との間で気まずくなったこと，不動産取引の勉強会を夕方にした際，相手方の代表者が，気のついたことは指摘するようにと言われたので，端的な質問をしたところ，やはり気まずくなったことがあった。しかし，気まずくなること自体は，職場においては普通に生じ得ることであり，しかもこれらは出来事は，いずれも不動産取引について早く知識を習得しようとする申立人の熱意の表れなのである。このような事情を，「やむを得ない事由」とか，「客観的に合理的な理由」に該当するというのは，到底正当な評価とはいえない。

2 試用期間中の解雇という構成
 (1) 試用期間という法律構成

トライアル雇用に依拠した本件労働契約を，神戸弘陵学園事件の最高裁判例（最判平成2年6月5日民集44巻4号668頁）の考え方を当てはめて，3か月の有期雇用契約は，労働者の適性を評価・判断するために設定した期間であると解釈し，契約の存続期間ではなく，試用期間であると解釈する余地がある。このように解釈すると，トライアル雇用がすべて試用期間と解釈されることになり，菅野教授も指摘するように（菅野・前掲書169頁），トライアル雇用の本来の趣旨に沿わなくなると考えられるので，上述の有期雇用契約とする解釈の方が適切であると考える。

 (2) 試用期間中の解雇の規律

申立人としては，仮に労働審判委員会が，本件のトライアル雇用について，上記最高裁判例の射程が及ぶという見解に立ったとしても，いずれにしても，相手方による本件解雇の意思表示が無効であることを主張するものである。

三菱樹脂事件の最高裁判例（最（大）判昭和48年12月12日民集27巻11号1536頁）によれば，労働契約に試用期間に関する定めがある場合，これを解約権留保付きの期間の定めのない労働契約となり，企業の採用の事由との兼ね合いもあって，通常の解雇の場合と比較すれば，解雇の規制のハードルは低くなるものとは考えられるが，もとより自由に解雇できるものではなく，留保解約権の行使は，その趣旨，目的に照らして，

客観的に合理的な理由が存し，社会通念上相当と是認される場合にのみ許されることになる。したがって，使用者は，試用期間中の労働者に対する解雇が，このハードルを超えていることを主張，立証する必要がある。

(3) 本件解雇の違法性

前述のとおり，相手方による本件解雇の理由は，第1の不動産取引に関する能力不足の点，第2に指導しようとした先輩社員との折り合いが悪いという点である。

第1の点は，不動産取引の知識の有無は，採用時に一定の試験を課するなり，口頭試問を行う等すれば，容易にその能力を測ることができるのであり，採用時に十分に把握することのできる能力である。試用期間の定めのある労働契約を解約権留保付きの期間の定めのない労働契約と構成する趣旨，目的は，採否の当初の段階においては，適格性の有無に関連する事項について必要な調査を行い，適切な判定資料を十分に収集することができないため，後日における調査や観察に基づく最終的決定を留保するというものなのだから，採用時に把握可能な点を理由とする留保解約権の行使は，その趣旨，目的に反している。前述のとおり，本件労働契約においては，不動産取引の知識を想定したものではなく，それを育てるという趣旨の契約なのであるから，トライアル雇用制度に依拠していることをも併せ考えると，この第1の点については，留保解約権を付した趣旨，目的に照らして，「客観的な事情が存し社会通念上相当と是認され得る場合」に該当すると評価できない。

また，第2の点こそ，究極的には，気に食わないという点につきるのであるから，甚だ客観性を欠く理由であり，留保解約権を付した趣旨，目的に照らして「客観的な事情が存し社会通念上相当と是認され得る場合」からはまったく相反する事由である。また，前述の具体的な出来事は，いずれも申立人が業務に熱心であったがために気まずい感じになったことなのであるから，やはり上記の事由に該当しないことは明らかである。いずれにしても，解雇理由としては，到底，上記の試用期間に関する判例法理をクリアしていると評価する余地はまったくない。

3 解雇予告手当の不払による解雇無効

労働契約において，使用者が労働者を解雇するには，30日前に解雇予告をするか解雇予告手当を支払う必要がある（労働基準法20条1項）。相手方は解雇予告手当を支払わず，「申立てに至る経緯の概要」のとおり，

相手方代表者は，ハローワークで支払う必要はないといわれたと趣旨不明なことをいって支払を拒み，当代理人が請求しても（甲5　内容証明郵便），相手方は解雇予告手当を支払う義務がないと言うばかりである。使用者が即時解雇に固執しているのだから，解雇は無効になる（最判昭和35年3月11日民集14巻3号403頁）。

4　時間外手当請求

(1)　時間外労働

　　申立人は，相手方で勤務していた際に，ほぼ恒常的に，約定の午後5時30分を超過して勤務していた。電話によって勧誘をした後に，その日のうちにその結果を日誌に残しておくように指示されていたため，1日に1時間前後の残業を余儀なくされた。また，月に2回，相手方代表者であるAが主宰した不動産取引の勉強会が行われていて，この出席もやむを得ないものであった。

(2)　相手方が時間外手当を支払わなかった理由

　　申立人は相手方代表者に対して，何故時間外手当が支払われないのかを質問したことがある。すると，相手方代表者は，相手方では試用期間中は時間外手当は支払わない取扱いになっている（甲4），仕事の内容を勉強している最中であり，何ら会社の業績に寄与していない段階では，時間外手当を支払う必要がないとしていた。

　　しかし，労働者がその行動を支配されて労働に従事しているのに，それを労働時間ではないとして時間外手当を支払わないのは，労働基準法の考え方に正面から抵触する主張であるといわなければならないのであり，その主張は，毫も正当性を有しない。他の従業員については，タイムカードに従った時間外手当を支払っているのであり，相手方が申立人のタイムカードを開示して，申立ての理由で主張した1時間当たり単価に従った時間外手当の支払をすることを強く求めるものである。

(3)　通勤手当の算入

　　時間外手当の単価の計算に算入すべき賃金，手当は，基本給26万4000円に加えて，通勤手当8000円を算入すべきである。通勤手当は，従業員の要した実額にかかわらず，一律に8000円が支給されていたのだから，これは労働基準法施行規則に定める賃金，手当に該当する。

(4)　付加金の請求

　　相手方は，他の労働者に対しては，時間外手当を支給していたのに，トライアル雇用期間中の申立人に対しては，勉強する期間であるとの理

由を構えて時間外手当の支払を拒絶していた。このような態度は労働基準法に正面から抵触する態度であり，許しがたい態様の時間外手当支払拒絶である。

したがって，裁判手続に移行後も，相手方があくまで支払を拒絶する場合には，相手方に対しては，労働基準法114条にいう付加金の支払を強制すべきである。

第4 申立てに至る経緯の概要

1 平成20年10月31日に突然の本件解雇を通告されたが，前述のとおり，申立人は相手方代表者Aに対して，トライアル雇用の期間が満了していないこと，解雇理由がないこと，解雇予告がないことを指摘して，強く抗議したが，Aは，ハローワークでも解雇することは認めてもらっているという趣旨不明なことをいうばかりで解雇理由を明らかにしない態度に終始した。

2 申立人は，自分で交渉しても埒があかないという判断から，平成20年11月上旬から当代理人に本件労働契約に関する事件の処理を依頼した。当代理人は，同月15日付け内容証明郵便（甲5）により，解雇理由を明らかにすること，解雇予告手当の不払からしても，直ちに本件解雇は無効になる以上，早急に復職するように対応することを要求した。その結果，同月28日付けで相手方が送付してきたのが，解雇理由証明書（甲3）である。そこでは，前述のとおり，第1に能力不足の点，第2に職場の雰囲気を乱す行為があったことが記載されている。

3 当代理人は，平成20年12月5日，電話でAと，申立人の復職についての協議を行った。その際，Aが解雇理由について言及したのは，前述のとおり，上記の解雇理由証明書に記載されている第1の点については，不動産取引に関する知識が不十分であること，第2の点については，知識を授けようとするA及び先輩社員との折り合いが悪いと述べていた。それ以上の具体的なエピソードがあるかを確認したが，Aはそれ以上の言及をしなかった。

当代理人は，Aに対して，その程度の理由では到底解雇が有効になるとは考えられないので，復職を検討すること，仮に復職が実際上困難である場合には，労働者たる地位を解消する方向性も考えられ，その際には，一定以上の和解金の支払を求めることになる旨を告げた。すると，Aは，申立人に対する解雇については，ハローワークと十分に相談しており，解雇

はできるはずであるというばかりであり，最終的には法的手段に訴えることになることを告げても，Aは，こちらが訴訟を起こすのであれば，受けて立つしかないというばかりで，まったく取り付く島がない状態であった。
4　当代理人は，平成20年12月中に，さらに2回，相手方の事務所に電話をかけて，電話口の従業員にAへの取次を頼んだが，いわれなく取次を拒否された。同月18日には，普通郵便で，協議の機会を設けることを依頼する書簡を送付したが，そのまま同年中にはなしのつぶてであった。
　以上のような事態に立ち至ったため，やむなく本申立てに及んだものである。

証　拠　方　法

甲第1号証　　　トライアル雇用求人票（相手方）
甲第2号証　　　トライアル雇用に関する厚生労働省のホームページ
甲第3号証　　　解雇理由証明書（相手方）
甲第4号証　　　就業規則（相手方）
甲第5号証　　　内容証明郵便（申立人代理人作成）
甲第6号証　　　手帳（申立人作成）

附　属　書　類

（略）

資料1-③ 答弁書

平成21年（労）第○○○号　地位確認等請求労働審判事件
申立人　X
相手方　Y

　　　　　　　　　答　弁　書

　　　　　　　　　　　　　　　　　　　　　　　平成21年2月16日

東京地方裁判所民事第○○部労働審判委員会　御中

　　　　　　　　〒○○○-○○○○　東京都中央区北銀座4丁目6番5号
　　　　　　　　　　　相手方代理人弁護士　　乙　　野　　二　　郎　印
　　　　　　　　　　　電話番号　　　　　　03-○○○○-○○○○
　　　　　　　　　　　ファクシミリ番号　　03-○○○○-○○○○

第1　申立て趣旨に対する答弁
　　本件申立てにかかる請求をいずれも棄却する
　との労働審判を求める。
第2　申立書に記載された事実に対する認否
　1　申立ての理由に対する認否
　(1)　申立ての理由1，2は認め，同3のうち，最後の文章は争い，その余は認める。
　(2)　申立ての理由4のうち，相手方代表者が本件解雇をしたこと，ロッカーの鍵の返納を受けたこと，翌日から出勤しないように告げたこと，10月分給与の振込，解雇予告手当を支払っていないことは認め，その余は争う。
　(3)　申立ての理由5のうち，申立人が一定程度の時間外労働に従事していたことは認めるが，その余の点は全部争う。具体的には，相手方の主張「答弁を理由づける具体的な事実及び予想される争点に関連する重要な事実」の中で詳論する。
　2　予想される争点とそれに対する申立人の主張に対する認否

予想される争点とそれに対する申立人の主張については，法律論，事実関係ともに，基本的には全面的に争うものである。具体的には，相手方の主張「答弁を理由づける具体的な事実及び予想される争点に関連する重要な事実」の中で詳論する。
3 申立てに至る経緯の概要に対する認否
(1) 申立てに至る経緯の概要については，記載全体に，相手方側が不誠実な対応をとっているというニュアンスが含まれているが，後述のとおり，その点は争う。事実経過の外形的な事実関係は，特に争うものではない。
(2) やりとりの際に，ハローワークを持ち出したのは，本件労働契約がトライアル雇用によるものであったことから，厚生労働省の補助金事業との関係で中途の解雇は許されないのではないかとの懸念から，ハローワークに相談したところ，私法的な関係は申立人・相手方の関係であり，解雇は可能であるという説明を受けたことをAが誤解して述べたものにすぎない。

第3 答弁を理由づける具体的な事実及び予想される争点に関連する重要な事実

1 本件の争点は，本件の申立書に記載する枠組みで差し支えない。もっとも，以下の主張の中で詳述するとおり，本件事例の検討により，争点でないものも含まれている。
2 本件労働契約の法律構成
申立人は，本件労働契約について，第1次的に期間の定めのある労働契約であると主張し，平成20年12月31日までの労働契約は，期間の定めのある労働契約であり，平成21年1月以降は，有期雇用契約について，期間の定めのない労働契約に関する解雇権濫用法理が類推適用されるとして，申立人について，現在まで労働契約上の地位があるという趣旨の主張をしているが，これは当事者の意思を正確に反映していない解釈である。第1に，トライアル雇用制度は，雇用促進のための補助金制度であり，期間経過後に本採用をした場合に補助金を支給するもの（甲2のホームページ参照）だから，3か月で労働契約が当然に終了することを前提としたものではない。第2に，トライアル雇用は，3か月間求職者の適性を判断するというものだから，この制度を前提とする本件労働契約の合意の趣旨を考えれば，申立人も引用する最判平成2年6月5日民集44巻4号668頁がいう「使用者が労働者を新規に採用するに当たり，その労働契約に期間を設けた場合において，その設けた趣旨・目的が労働者の適性を評価・判断する

ためのものであるとき」に該当する契約を締結したというのが，本件労働契約の契約意思である。そして，相手方の就業規則（甲4）によれば，「新たに採用したものについては採用の日から3か月間を試用期間と」し，「試用期間中又は試用期間満了時に技能，勤務態度，人物及び健康状態等に関して，社員として不適当と認めたときは，採用を取り消す」と規定している。そうすると，本件労働契約においては，期間の定めのない労働契約を締結し，このトライアル雇用が予定している3か月間に，最高裁のいう留保解約権のある試用期間中の解雇であると解するのが適当な事案である。そのうえ，申立人が引用するトライアル雇用求人票（甲1）には，「雇用形態　正社員（トライアル雇用併用）」「試用期間（3か月）中は基本給のみ」との記載があり，これらは，期間の定めのない労働契約を締結し，その最初の3か月は，試用期間であるという契約であったと意思解釈するのが適当である。

　なお，申立人の引用するとおり，菅野教授は，トライアル雇用について，試用期間中の解雇に関する規制に委ねることに消極の態度を示しているが，同教授自身が，判例の傾向からすれば，使用期間中の解雇の規制によっていることを当然の前提とした記述がなされているのであり（菅野・労働法〔第8版〕169頁），申立人の第1次的な法律構成は，判例の傾向に沿ったものとはいえないのである。

3　試用期間中の解雇を根拠づける事実

　本件の事案に照らして，申立人について，試用期間中の解雇に関する判例法理である「解約権留保の趣旨・目的に照らして，客観的に合理的な理由があり社会通念上相当として是認される場合」に該当するか否かを検討することになる。

　申立人に関する解雇理由は，相手方が申立人に交付した解雇理由証明書（甲3）に記載があるとおり，第1に能力不足の点，第2に職場の雰囲気を乱す行為があったことである。しかし，これらの理由は，法律家でないAが，どの程度の具体性を持たせた記載をすればよいかを苦慮したうえで，具体的な理由を挙げるために敢えて言及したものであり，現在の相手方の言い分を直截にいうならば，申立人の社会常識のなさとそれを自ら是正しようとしない点に尽きるというのが，最も適切な表現である。

　第1の不動産取引に関する知識不足という点を具体的に言及する。申立書の記載は，相手方の知る申立人の態度からすれば，非常に控えめな記載である。しかし，申立人が求職時に相手方に提出した履歴書（乙1）の志

望動機欄の記載を見れば,「私は,不動産測量の会社での勤務経験があり,その後も不動産取引について独自に研究しております。御社の仕事の内容を考えると,十分に戦力になります。」との記載がしてあるし,Aと相手方専務取締役Cが行った申立人の面接時には,自らがいかに不動産取引に通暁し,相手方の業務内容に照らせば,即戦力であると吹聴していた（Cの陳述書（乙2）参照）。しかし,電話で勧誘をする際に,申立人の指導を担当していたBのいうことを聞き入れることなく,顧客に話をしていたし,その内容も支離滅裂なことが多かった。一例を挙げると,借地権が設定されている土地の価格は,更地価格を大幅に下回るということは,別段不動産取引に通じていなくても29歳の社会人であれば当然に弁えておくべき事理であるが,平成20年10月9日にそれを無視した電話での会話をしていた。驚いたBが電話の後で申立人に対して,それを注意したところ,そんなことはないと不思議な言い訳を繰り返し（この最も突飛なエピソードについては,驚愕したBがその日の業務日誌（乙3）に記載している。）,同月10日以降も,Bに対する当てつけのように同じ説明をした。その他にもさまざまなエピソードがあるが,詳しくはBの陳述書（乙4）に記載している。なお,第1回審判期日に,相手方としては,Bも出席することを予定している。

　また,申立人は上司同僚からの指導を受け入れず,折り合いが悪いことについては,上記のエピソードからも明らかであるが,それ以外にもいくつかの出来事があった。一例を挙げると,同月6日にBが不動産取引について体系立てて説明しようとすると,不動産取引に詳しい自分にはもっと実践的な説明をすべきではないかといった。そこで,Bが実践的な話をしたが,申立人が理解しているか判然としなかったので,いくつか質問したところ,突然怒り出して,自分を侮辱するのかといってぷいと職場を離れ,1時間も帰ってこなかった（Bの陳述書　乙4参照）。

　相手方代表者の経験をいうと,相手方代表者による勉強会の際,申立人が発言を始めたが,その内容は,測量事務所で経験した土地測量の非常に細かい内容（不動産取引を業態とする相手方にはまったく価値のない情報）であり,相手方代表者は,それは関係ないといって発言を制止しようとしたものの,申立人は説明をやめようとしなかった。参加していた従業員からは不満の表明として失笑が起こったが,申立人はそれに顧慮しない様子であった（乙5）。

　相手方は,不動産取引の知識を新入社員に求めておらず,申立人に対し

ても，一般的な社会常識程度を求めていた。トライアル雇用による求人である以上，それまで社会経験が十分とはいえない求職者が来ることも想定し，先輩社員や代表者による指導を施すことによって長期間の雇用をして，次第に戦力となってもらうつもりであった。

　申立人については，面接の際の自信満々な態度に接して，Aとしては，過度の期待を一時的には有していたことは否定しないが，基本的には当初からの方針どおり社会経験が不十分な若年層の労働者に雇用の機会を提供するつもりだった。ところが，申立人の言動の問題点は，当社から見て常識に属することであり，それを無視する問題行動をしているばかりか，その行動を他罰的に他者に責任転嫁する態度が明白に認められた。そして，Bをはじめとする相手方の先輩従業員は，全員が，このような特異な性格の申立人とともに1日も仕事をしたくないと口々にいうようになったのである（乙4　Bの陳述書）。この第1回労働審判の手続に，あの申立人とは二度と一緒に勤務したくないという素直な心情から，Bは喜んで期日で労働審判委員会にその実情を訴えたいといっているほどである。中には，申立人がそのまま雇われているのであれば，こちらが辞めたいという者もいるという状況である。

　実は，相手方代表者は，ハローワークの担当者との関係から，トライアル雇用期間中は，何とか申立人の面倒を見ようかと思っていたのである。しかし，他の従業員の反発の状況が上述のとおりであることを考慮して，従業員数14人程度の企業のトップとしては，申立人をそのまま残しておくことは困難であり，企業活動を守るためには，トライアル雇用期間満了前の解雇もやむなしとの結論に達し，上記のハローワークの担当者とも相談のうえ，解雇したものである。

4　試用期間中の解雇についての最高裁判例理論の当てはめ

　以上に指摘した事情は，試用期間中の解雇に関する最高裁判例理論からも，十分に肯認されるものである。最高裁の判例理論は，解約権留保付雇用契約における解約権の行使は，解約権留保の趣旨・目的に照らして，客観的に合理的な理由があり社会通念上相当として是認される場合に許されるものとされており，これは，通常の労働契約における解雇の場合よりも，解雇権の行使のハードルはより低いものといわなければならない。そして，上記の申立人に関する事情というのは，実際に申立人が勤務を始めない段階では（例えば面接の機会等の短時間では），発見することのできない事情なのであり，その意味からも，本件の申立人に対する解雇は，解約権留

保の趣旨・目的に照らして、社会通念上相当として是認されるものと考える。

以上のような観点からすれば、本件解雇は有効である。

5 解雇予告手当が支払われていない点について

この点については、上記のとおり、本件労働契約が、留保解約権付きの期間の定めのない労働契約であると解しても、また、申立人が主張するように期間の定めのある労働契約と解しても、相手方が申立人を解雇する際、解雇予告義務を認めるものである。確かに、相手方は、申立人に対して、即時解雇の意思表示をした際、解雇予告手当を支払っていない。しかしながら、最高裁の判例理論（細谷服装事件　最判昭和35年3月11日民集14巻3号403頁）は、解雇予告手当を支払わないでした即時解雇の意思表示は、即時解雇の法律効果は発生しないが、使用者が即時解雇に固執する趣旨でない限り、意思表示後30日間の期間を経過した時点又は同条所定の解雇予告手当を支払った時点に、解雇としての効力を有するとしている。そして、相手方は、即時解雇に固執するものではなく、解雇予告手当を支払う用意がある。

なお、Aが申立人ないし代理人との交渉の際に、解雇予告手当を支払わないというような言動をしたことは事実であるが、相手方がトライアル雇用によって採用した者を解雇したのは、申立人が初めての経験であり、事前にハローワークの担当者のところに相談に行ったところ、解雇が可能であるとの回答を得たのを、代表者として、解雇予告手当を支払う義務もないものと誤解した（我田引水的な誤解であることは自認しており、反省している。）結果、そう回答したものである。

いずれにしても、この点が、本件解雇を無効にするものではない。

6 申立人の第1次的な法律構成について

申立人の第1次的な法律構成、つまり、本件労働契約が、トライアル雇用に準拠した3か月の期間の定めのある労働契約であり、解雇するには労働契約法17条1項に定める「やむを得ない事由」が必要であり、かつ、期間の定めのある労働契約の雇止めに対しては、解雇権濫用法理が類推適用されるというのは、上述のとおり、「いいとこ取り」の解釈なのであって、もとより適当でないことは明らかである。

仮に菅野教授の見解により、トライアル雇用制度を期間の定めのある労働契約と解釈して、その期間の雇用を保護するという見解に立ったとしても、その実質は、試用期間と同等の企業の採用の自由との兼ね合いで、そ

の更新するか雇止めにするかの判断においては，解雇権濫用法理の類推適用を否定するなり，試用期間中の解雇に準じた取扱いをするなりして，企業の採用の自由を確保できるような解釈をすべきであり（菅野・前掲書169頁も，期間雇用の類型に応じた規制法理があることを前提としている。），更新するか雇止めにするかについて，他の期間の定めのある労働契約と同列に論じられないことになる。以上によれば，少なくとも，仮に本件の労働契約が期間の定めのある労働契約だとすれば，使用者が自由に更新しないことを決することができると解すべきである。

上述の申立人の勤務状況は，単に企業の採用の自由との兼ね合いから解雇が正当化されるという水準ではないことを指摘しなければならない。仮に，本件労働契約が3か月の期間の定めのある労働契約で，労働契約法17条1項により，解雇するには「やむを得ない事由」が必要であるとしても，申立人については，これを解雇することには，十分にやむを得ない事由があると判断できる。なぜなら，前述のような申立人の勤務態度から見て，申立人の社会常識のなさとそれを自ら是正しようとしない点は顕著であって，申立人を同僚として一緒に勤務することが困難であると他の従業員が言っているということは，相手方くらいの規模の企業にとっては，業務を維持することが困難であるということに尽きるのであり，前述したとおり，トライアル雇用期間中は何とか面倒を見ようかと思っていた相手方代表者が，解雇せざるを得ないと判断した点も，まさにその点にあるからである。

以上のとおり，仮に申立人の第1次的な法律構成によっても，いずれにしても本件解雇は，十分に許容されるということができる。

7 時間外手当について

確かに，相手方の就業規則（甲4）には，試用期間中の時間外労働については，割増賃金を支払わない旨が規定されており，現実に申立人に対しても支払っていない。申立人の採用以前の労働者に対しても支払っていなかった。これは，入社した当初の段階は，いわば勉強中であって，残業していても，他の従業員の邪魔になることはあっても，相手方の業務に益することはないという素朴な考え方であった。もとより，試用期間中といえども，労働者が使用者の指揮監督下にあると評価するのが相当であり，試用期間中の労働者に対して，時間外労働に対する割増賃金を支払わないというのは，正しい態度ではなかったというべきであり，今後，相手方としては，労働基準法に従った就業規則に変更することを確約する。

もっとも，以下の4点において，申立人の計算は間違っているのであり，

申立人に対しては，その変更を求めるものである。

　第1に，タイムカードの記録によれば，申立人の時間外労働は，合計24時間12分である（乙6　タイムカード）。

　第2に，1時間当たり単価を計算する際の，所定労働時間は，期間の定めのない労働契約を前提とすることから，1年間所定労働日数240日として計算するのが適当である。

　第3に，申立人は，支給額が一律であることから，通勤手当8000円を1時間当たりの単価の計算に加えているが，これは，あくまで実費を支給しているものであるから，これは労働基準法施行規則にいう賃金，手当には該当しない。

　以上から，以下の計算式のとおり，1時間当たりの単価は1650円，申立人が受け取るべき割増賃金は，4万9913円となる。

　26万4000（円）×12（月）÷1920（時間）＝1650（円）

　1650（円）×1.25×24時間12分≒4万9913（円）

　なお，もとより確定した労働審判の効力は，裁判上の和解と同一であるから，そもそも労働審判手続においては，付加金が認められる余地はないのであるが，仮に訴訟段階に至っても，試用期間中の者に対して時間外手当を支払わないとしたのは，上記のような素朴な考え方によるものであるから，付加金を付するほどの悪質性が高いとは到底いえないものと考えている。

第4　申立てに至る経緯の概要

1　前述したとおり，相手方代表者としては，せめてトライアル雇用期間は，申立人の世話を見ることは考えていた。しかしながら，他の従業員の申立人に対する反発が強く，これを押さえることは困難であると考えて，ハローワークの担当者に相談に行った。そうしたところ，私法上の関係においては，解雇すること自体は可能であるとの回答を得て，本件解雇に踏み切った。本件解雇を申立人に告げた際，確かにその不当を詰る言動はあったものの，ロッカーの鍵の返却や社会保険関係の手続は，特に抵抗なく，円滑に手続が進んだのであり，相手方代表者としては，円満に労働関係を解消できるものと考えていた。

2　ところが，平成20年11月16日に申立人代理人の弁護士名義での内容証明郵便（甲5）が到達したことから，相手方代表者としては非常に驚いた。これまで，相手方では，従業員の退職に伴う法的紛争があったことはなく，弁護士からの内容証明郵便も初めての経験であったことから，その後の相

手方ないし相手方代表者の対応が，過度に防衛的になったことは否定できない。しかし，解雇理由証明書を記載することも初めての経験であったが，各種の書式集を入手して，比較的，認識していた解雇理由に近い事由を記載したことについては，前述のとおりである。
3　直接に申立人代理人からの電話があったときは，書面で回答したことは回答したものの，それ以上の回答をして，今後，どの程度の不利益が生じるのかがはっきりしないことから，それ以上の回答を拒否したものである。また，その後の電話の取次が拒否されたというのは，単に代表者に所用のある際に申立人代理人からの電話があったことが重なった以上の事情は存しない。
4　相手方としては，労働審判委員会の主宰する手続の中での，公正な決着を強く望むものである。

証　拠　方　法

乙第1号証　　履歴書（申立人）
乙第2号証　　陳述書（C作成）
乙第3号証　　業務日誌（B作成部分）
乙第4号証　　陳述書（B作成）
乙第5号証　　陳述書（A作成）
乙第6号証　　タイムカード（申立人関係分）

附　属　書　類

（略）

資料2-① 普通解雇に関するあっせんを申請する場合の記載例

様式第1号(第4条関係)(表面)

あっせん申請書

紛争当事者	労働者	氏名	労働　太郎
		住所	〒271-○○○○　千葉県松戸市旭町○-○ 電話047(○○○)○○○○
	事業主	氏名又は名称	A株式会社 代表取締役　東京　一郎
		住所	〒160-○○○○　東京都新宿区西新宿○-○-○ 電話03(○○○○)○○○○
	※上記労働者に係る事業場の名称及び所在地		A株式会社B支店 〒110-○○○○　東京都台東区池之端○-○-○ 電話03(○○○○)○○○○
あっせんを求める事項及びその理由			○年○月○日に入社し、工場で溶接工として勤務していたところ、同年8月1日、社長から「仕事の能力がないから辞めてくれ」と解雇通告され、同年8月31日で辞めた。 　私は、溶接工として20年以上の経験があり、今まで能力がないと言われたことはない。これは不当な解雇である。急なことで生活が苦しいし、精神的にも苦痛である。もう復職する気はないが、これまでに受けた経済的損失と精神的苦痛に対する補償として、少なくとも1か月分の賃金相当額以上の補償金の支払を求めたい。
紛争の経過			○年○月○日に社長と連絡をとり、解雇を撤回してくれるよう要請したところ拒否された。その後、解雇によって生じた経済的補償についての申し入れを行ったが、拒否された。
その他参考となる事項			訴訟は提起しておらず、また、他の救済機関も利用していない。会社には労働組合はない。

平成○年○月○日

　　　　　　　　　　　申請人　氏名又は名称　　労働　太郎　㊞

○○労働局長　殿

資料 2-②　配置転換に関するあっせんを申請する場合の記載例

様式第1号（第4条関係）（表面）

あっせん申請書

紛争当事者	労働者	氏名	労働　花子
		住所	〒271-○○○○　千葉県松戸市旭町○-○ 電話 047（○○○）○○○○
	事業主	氏名又は名称	A株式会社 代表取締役　東京　一郎
		住所	〒160-○○○○　東京都新宿区西新宿○-○-○ 電話 03（○○○○）○○○○
	※上記労働者に係る事業場の名称及び所在地		［A株式会社B支店 〒110-○○○○　東京都台東区池之端○-○-○ 電話 03（○○○○）○○○○］
あっせんを求める事項及びその理由			○年○月○日にパートタイマーとして入社し、同年○月○日から嘱託社員となり、○年○月○日、B支店へ配置転換となった。 　配置転換になる前に、社内のセクハラ事件について○○労働局に指導を依頼したことがあり、その後、退職勧奨を数度にわたり受けていた経緯から、この配置転換は、退職強要のための不必要な配置転換である。 　よって、B支店への配置転換について、会社側の謝罪とその撤回を求めたい。
紛争の経過			○年○月○日に、本社の人事課長に連絡をとり、配置転換の撤回を求めたが、聞き入れられなかった。
その他参考となる事項			訴訟は提起しておらず、現在、他の救済機関も利用していない。会社には労働組合はあるが、この紛争について、労働組合と事業主との間で問題として取り上げられていない。

平成○年○月○日

　　　　　　　　　　　　　申請人　氏名又は名称　　労働　花子　㊞

　○○労働局長　殿

資料2-③　いじめ、嫌がらせに関するあっせんを申請する場合の記載例

様式第1号（第4条関係）（表面）

あっせん申請書

紛争当事者	労働者	氏名	労働　太郎
		住所	〒271-○○○○　千葉県松戸市旭町○-○ 電話047（○○○）○○○○
	事業主	氏名又は名称	A株式会社 代表取締役　東京　一郎
		住所	〒160-○○○○　東京都新宿区西新宿○-○-○ 電話03（○○○○）○○○○
	※上記労働者に係る事業場の名称及び所在地		［A株式会社B支店 　〒110-○○○○　東京都台東区池之端○-○-○ 　　　　　　　　電話03（○○○○）○○○○］
あっせんを求める事項及びその理由			○年○月○日に営業職として採用されたが、入社後3か月ほどして、朝礼での営業成績発表の場で、上司から「おまえは、チームワークを乱すことばかりして、全然契約も取ってこないじゃないか…こんな奴とはもう口も利く必要はないぞ」などと強い口調で罵倒された。 　営業成績が上がっていない事は事実だが、自分なりに精いっぱい努力していたにもかかわらず、それ以来、上司からは仕事を与えられず、職場の同僚からも無視されるようになった。人事部長に改善を申入れても、「自分がまいた種だろう」と取り合ってくれない。 　このように職場には、いじめがまかり通り、精神的に限界状態にあるため、いじめがなくなるように職場環境が改善され、また、いじめによって生じた精神的苦痛に対して○万円の慰謝料の支払を求めたい。
紛争の経過			○年○月○日に人事部長に対し、いじめに対する改善を申し入れたが取り合ってくれなかった。慰謝料の請求も拒否された。
その他参考となる事項			訴訟は提起しておらず、また、他の救済機関も利用していない。会社には労働組合はない。

平成○年○月○日

　　　　　　　　　　　　　　申請人　氏名又は名称　　労働　太郎　㊞

　○○労働局長　殿

資料3-① 普通解雇をめぐり和解金の支払いを求めたあっせん事例

― 申請の概要 ―

申請人は、菓子製造業を行う事業場において、経理を担当する事務員として8年弱の間勤務していたが、上司および他の従業員とのコミュニケーションが図れず職場に適しないという理由で30日前に予告を受けたのち、9月20日付で解雇された。申請人は、本件解雇は社長や専務の恣意的な感情による不当なものであるとして、1年間分の生活費相当額の補償金の支払いを求めてあっせんの申請を行ったもの。

紛争当事者の主張

申請人（労働者）

私は仕事でミスしたわけでもなく、社長や専務の恣意的感情により、解雇されたことに納得がいかない。私には重病の母がおり、看病もしているが、辞めるとすぐには仕事が見つからず、生活が苦しいことなどを訴えても、社長からは「そんなことは知ったことではない」などといわれた。

私は、解雇の理由にもならないことで辞めさせられたことに、精神的に大きな傷を負った。社長や専務に対して慰謝料を請求したい思いで、今回のあっせん申請を決意した。

私が勤務していた8年弱の間に、10人ほどの社員が解雇されたが、すべて恣意的な感情から理由もなく即時解雇されたものである。

会社側の主張する解雇理由は、上司および他の従業員とのコミュニケーションが図れないというものであるが、事実無根であり到底納得できない。

本来であれば解雇撤回を求めて争うところであるが、このような仕打ちを行う会社への復帰は考えていない。求める補償金額は1年間分の生活費相当額であるが金額にそれほどこだわるつもりはなく、その半分でもいいと思っている。金額の問題以上に社長に自分の非を認めて謝ってほしい。

被申請人（事業主）

申請人は他の従業員との協調性がなく、上司に対しても反抗的な態度をとるなど職場環境を悪化させる大きな要因となっており、性格がきつく来客からの評判も悪かったこと等から解雇した。会社に悪い影響を及ぼすものであることから解雇したまでで

あり、落ち度はないと考えている。金銭を支払う気もないし謝罪する気もない。

あっせんの内容

あっせん期日において、あっせん委員が個別に紛争当事者双方と面談の上、主張の聴取を行った。被申請人は、当初、申請人に対する謝罪はもちろん金銭の支払いには応じられない旨強硬に主張していたが、あっせん委員が、裁判例等を例示しながら正当な理由のない解雇は権利の濫用に当たると判断される場合が多いこと等を説明し、譲歩を求めたところ、金銭の支払いには応じる旨主張を軟化させた。

その後は、和解金額等について紛争当事者双方の主張の調整を行った。

被申請人は、「申請人に対して賃金1か月分相当額および昨年の12月に支払ったボーナスの2分の1相当額の合計額（41万円）を和解金として支払う。申請人に対する謝罪は行わない」旨申し立てた。

申請人に被申請人の意向を伝えたところ、最低限賃金3か月分相当額程度（約77万円）は支払ってほしいと申し立てた。

あっせん委員は、被申請人に、「本件の場合、紛争の経緯から賃金3か月分相当額の請求は妥当だと考えられる」と説明を行った。

これに対して被申請人は、「和解金として50万円を支払う。これ以上の増額については対応できない」旨申し立てた。

申請人に、被申請人の主張内容を伝えるとともに譲歩を促したところ、被申請人は「50万円の和解金の支払いで同意する」と申し立てた。

結　果

被申請人が申請人に対して、和解金として50万円を支払うことで、紛争当事者双方の合意が成立した。また、その旨を記載した合意文書の作成が行われた。

> **ポイント**
>
> 被申請人が金銭の支払い等に応じるか否か、紛争当事者双方が折り合える具体的な支払いの額の2点が争点となり、当初、被申請人はあっせんの場に出てきたものの、全く妥協する姿勢がなかったが、あっせん委員の裁判例等を例示しながらの説得により、金銭による解決に応じるまで態度を軟化させ、また、申請人も和解金額に譲歩を示し、双方の合意が成立した。

資料 3-②　リストラを理由とする解雇予告の撤回を求めたあっせん事例

> **― 申請の概要 ―**
>
> 申請人は、木材加工業を行う事業場に、製材工として 18 年間勤務していたものであるが、11 月 19 日、同社の代表取締役から経営不振による人員整理を理由に 12 月 31 日付けで解雇する旨通告を受けた。これに対して申請人は、突然の解雇通告は判例上の要件を満たしておらず解雇権の濫用に当たる上、経済的に大変苦しいという事情もあり受け入れられないとして、予告期間中の 11 月 26 日、解雇予告の撤回を求めあっせんの申請を行ったもの。

紛争当事者の主張

申請人（労働者）

　経営不振を理由に突然解雇予告をされたが、妻が重病のため入院費用等が必要であり、今解雇されるのは死活問題である。
　今回の、整理解雇自体、①希望退職の募集等の措置を講ずることなく安易に解雇という手段をとっていること、②従業員には、高齢で定年を超えている者も数人おり解雇対象者の選定について合理的基準に基づいているとは思えない等、到底納得できるものではない。
　解雇予告の撤回を求めるが、費用等の面から裁判までは考えておらず、あっせんでの解決を望む。

被申請人（事業主）

　会社は、資本金 4,000 万円で製材業および住宅建築業をしている。労働者数も数年前に 40 人くらいいたのが現在では 30 人になっている。会社の現状は、大変苦しい状況に置かれており、5 期連続赤字を計上している。深刻な経営不振であり年商が 3 割近く落ち込んでいる。
　人員整理を行わないと会社存続が危ぶまれる状況であり解雇はやむを得ない措置である。解雇に先だって労働者への事前の説明・協議等は行っていない。また、希望退職の募集等の措置も講じていない。整理解雇に関する判例上の考え方については知らなかった。
　経費をできるだけ切り詰めて、これまで人員整理をせず、定年による自然減で何とかしのいできたが、会社の存続も危ぶまれる状態に追い込まれ人員整理に踏み切るこ

とにした。

　赤字続きなので、指名解雇するにあたって優遇措置らしきものは何もできなかった。年末までの解雇予告期間中は就職活動などのため出勤しなくても賃金の支払いをする約束をしただけである。

　15人いる製材部門から、申請人等2人を整理解雇の対象とした。他の部門とは仕事の内容が全く違うので、配置転換を考慮する余地は全くなかった。

　申請人は仕事はまじめにやるが、欠勤が多い。協調性がなく、同僚とは一切会話もせず、従業員の休憩所へも出入りしない。とにかく問題の多い人で、リストラを考えるときには一番最初に候補になるのはしかたがないことである。会社の定年は60歳であるが、会社に必要な人は退職金を支払って以後も嘱託として勤務してもらっている。

　申請人からは「家内が8月から入院しているし、自分も心臓が悪いから解雇を思いとどまってほしい」との要望はあったが、断った。

　解雇予告を撤回したわけではないが、年が明けて1月に入ってからも申請人が出勤してくるので、このあっせんを終えるまでは、出勤停止等の措置を講じずに従前のとおり就労させることにした。なお、本件については、申請人の意向にもよるが、費用等の面から裁判までは考えておらず、あっせんでの解決を望んでいる。

あっせんの内容

　あっせん期日の開催に先だち、紛争当事者双方からの事情聴取を通じ、①申請人が解雇予告の撤回を強く希望していること、②人員整理を行うにあたって、従業員に対する事前説明・協議、希望退職の勧奨等解雇を回避するための措置等が何ら講じられておらず被申請人の解雇手続に不備があること等の事実関係を把握した。

　その上で、あっせん期日においては、あっせん委員が、解雇予告の撤回および撤回が行われた場合の申請人の労働条件につき紛争当事者双方の主張の調整を図ることにより、歩み寄りを図った。

　あっせん委員は、双方の主張を踏まえ、再度被申請人と個別に面談の上、「当該解雇は整理解雇に当たると解されるが、その場合過去の裁判例では、いわゆる4要件の手順を踏んでいない解雇は、過去の判例の考え方からは無効とされる可能性が高い」ことを教示の上で、解決にあたっての具体的な条件を確認したところ、被申請人より「メーンバンクから融資限度額の引き下げを受ける等経営環境は厳しく、殊に人件費が負担となっている状況なので、雇用を継続するのであれば、現在の基本給（25万

円）を 10％程度減額したい。その他の労働条件は従前のとおりとする」旨の申出がなされ、申請人もこれに同意した。

申請人および被申請人を同席させた上、双方に対し、「①被申請人は、昨年 11 月 19 日申請人に対して行った解雇予告を撤回する、②本年 1 月以降申請人の基本給を 22 万 5,000 円とし、その他の労働条件は従前のとおりとする、③紛争当事者双方は相手方の名誉、信用を傷つけるような言動はしない」とする解決策の提案が行われた。

結　果

被申請人が申請人に対して行った解雇予告を撤回する一方、申請人は、1 か月当たりの基本給を 25 万円から 22 万 5,000 円に減額する（その他の労働条件は従前どおり）ことを了承することで紛争当事者間の合意が成立し、その旨を記載した合意文書の作成が行われた。

> **ポイント**
>
> 申請人は経済的な事情等から解雇により職を失うのを避けたい旨強く主張し、被申請人が解雇予告の撤回を行うか否かが争点となった。
> 双方が相手の事情を理解し、歩み寄りをみせ、労働条件を一部引き下げた上で継続雇用することで合意した。
>
> （参考）―整理解雇 4 要件―
> 　　①企業経営上の理由による人員削減の必要性があるか。
> 　　②解雇回避の努力を行ったか。
> 　　③解雇者の選定基準とこれに基づく選定は合理的か。
> 　　④労働者、労働組合と十分説明や協議を行ったか。

資料3-③ 退職金規程の変更を理由に退職金額を半額に減額されたことをめぐるあっせん事例

申請の概要

申請人Ｘは、食品加工業を行うＹ株式会社が操業する工場に事務員として35年間勤務し、昨年3月に退職を申し出たところ、後任者不在の問題から1年間引き続き勤務するよう慰留されたことから、これに従い、その後、今年5月に退職した。ところが、会社は昨年10月に就業規則を変更し、退職金を最大限5割まで減額できる規程を新たに設けたことを根拠に、退職金を半額に減額されたことから、これを不服としてあっせんの申請を行った。

紛争当事者の主張

申請人（労働者）

35年間の長きに渡って勤務し、昨年3月に退職を願い出たところ、会社の都合で退職日を1年以上引き延ばされた末に、支給されると予想していた退職金を半額に減額されたことには到底納得できない。

今年5月に退職後、8月に退職金が口座に振り込まれたが、退職金規程によれば本俸×勤続年数（7万円×35年）で245万円のところ、130万円しか支払ってもらえていない。就業規則の変更により、退職金を最大5割減額できる規程となっているが、「労働者の功績等を考慮して減額できる」としており、自分には減額されなくてはならない理由が思いあたらず、会社からも減額の理由が示されていない。「○○さんがいなくなったら、○○工場は大変になる」と在職中にはいわれており、評価されていたと自分では認識していたのに、減額は納得できない。

定年前の自己都合による退職ではあるが、退職の理由は、自分の年齢から判断して、事務所の職員としてこれ以上長く留まることに日ごろ抵抗を感じていたことによるものである。会社の経営状態が厳しいことは承知しており、満額は無理としても、退職金として200万円くらい（すでに支払われている130万円を含む）は支払ってほしい。

被申請人（事業主）

Ｘから、昨年の2月に、3月末で退職したい旨の申出があったが、後任の問題があって慰留し、結果的には1年以上経過した今年5月に退職した。

昨年10月に退職金規程を「自己都合による退職または解雇については功績等を考慮して1割から5割減額することができる」旨変更し、申請人の退職金は当該変更後

の規程に基づき算出した。

　Xの退職金を減額したのは、Xは、事務員として会社に対して特に大きな貢献をしたわけではなく、在籍期間が長いことから賃金等勤務条件について他の労働者より随分と優遇されていたことが原因である。また、会社の業績が悪化しており満額の退職金を支払う余裕がなくなっていることも理由の１つである。

あっせんの内容

　あっせん委員が、紛争当事者の主張を確認したところ、双方とも、Xの退職申出に対し、事業場が慰留し、その後退職金規程を変更し、減額規程を設けたこと等の事実については、争いはない旨確認した。
　一方でXは、単に会社の業績を理由に減額することは不服であり、就業規則上の減額理由となるべき事項もないことから、70万円以上の支払いを主張し、Yは、会社の業績および定年退職者との差異を理由に高額の支払いには応じられない旨主張した。
　あっせん委員は、紛争当事者双方に個別に面談の上具体的な解決額を提示したのち、最終的に50万円の支払いをもって和解するよう打診したところ、双方ともこれを了承した。

結　果

　YがXに対して50万円を支払うことで、紛争当事者間の合意が成立した。また、その旨を記載した合意文書の作成が行われた。

ポイント

　申請人が退職を申し出たことに対し、被申請人がこれを慰留し、その後退職金規程を変更、減額規程を設けたこと等事実関係については双方争いがないものの、申請人が退職金として最低200万円は支払ってほしいとして、すでに受領している額に上乗せして支払いを求めているのに対し、被申請人は、会社の業績が苦しいこと、定年退職者の退職金と差異を設けるわけにはいかないこと等を理由に高額の支払いには応じられない旨主張。支払われるべき退職金の額が争点となり、あっせんの場で申請人が示した譲歩を契機に双方の譲歩がさらに進み合意が成立した。

資料3-④ 現場責任者からの嫌がらせをめぐる助言・指導事例

> **申出の概要**
>
> Y株式会社に勤務し、同社が○○株式会社から受託した宿泊施設の管理業務に従事する申出人Xは、当該施設の現場責任者と衝突したことをきっかけに、同人から職場内での村八分、暴言等のいじめ・嫌がらせを頻繁に受けるようになり、この改善を求め、労働局長の助言・指導を申し出た。

紛争当事者の主張

申出人（労働者）

仕事のやり方をめぐって現場責任者と衝突したことをきっかけに、同人よりいじめを受けるようになった。よそよそしい態度で口をきいてくれなくなり、すべての従業員に知らせるべき事項も、自分だけ伝えてくれなくなった。

また、仕事の分担も、今まで自分に任されていた仕事が他の従業員に回されるようになった。その他、作業中に手を叩かれたり、足を蹴られたりしたこともある。さらにはプライバシーに関わる事項を他の従業員がいる前で公言されたりもした。現在のいじめの標的は自分だが、過去にもいじめ・嫌がらせに耐えかねて退職した従業員も多数いる。

自分も我慢の限界に達しているが、契約期間はあと3か月を残しており、この時点で退職するつもりはない。残りの期間、気持ち良く仕事ができるよう、会社に対して就業環境の速やかな改善を求めたい。

被申出人（事業主）

現場責任者と従業員との間にトラブルがあったことは本社として把握していなかった。当該施設が遠方のため、苦情実態の把握が不十分で、本社の相談口としての対応が足りなかったのかもしれない。現場責任者本人から聴取した限りでは、トラブルの原因として、休日出勤や早朝出勤のシフトのバランスが悪く、従業員の中には作業時間の減少・給料の減少となった者もいたこと、また、従業員の中には協調性に欠ける者もおり、現場責任者が多少強めの指示をすることがあったようだが、それをいじめと受け取られた面もあるかもしれない。

判断のポイント

事業主が管理業務を受託している遠方の施設での労務管理が適切に行われていたか。
・遠方にある施設のため、労務管理等が現場責任者任せになっており、個々の社員の勤務体制に問題があった。
・社内には社員の苦情処理機関を設置していなかった。

事案の整理

Xに退職の意思がなく、残余雇用期間（3か月）継続就業するための環境改善を求めていることから、即効性の期待できる口頭による助言・指導をYに対し行うこととする。
その際、自主的解決にあたって、施設管理業務の発注者である○○株式会社の協力を得て行うことについても助言することとする。

助言・指導の内容

Yに対し、「申出の事実があるならば即刻改善すること」を口頭により助言・指導した。

結　果

Yより、調査内容と改善策を記した報告書を受領。改善状況をXに確認したところ、「労働局長の助言・指導に一定の効果が見られ、継続就労が可能となって感謝している」とのことであった。

資料4　個別労働紛争解決制度一覧表（平成22年2月現在）

提供	司法					
制度	①通常訴訟	②仮処分	③労働審判手続	④少額訴訟	⑤支払督促	⑥訴え提起前の和解
ア 根拠法	民事訴訟法	民事保全法	労働審判法	民訴法368条以下	民訴法382条以下	民訴法275条
イ 実施機関	□1審 　簡裁、地裁 □2審 　地裁、高裁 □3審 　高裁、最高裁	□原審、保全異議審 原則として本案の第1審管轄裁判所等（簡裁、地裁）（12条、26条） □保全抗告審 地裁（裁判所法24条4号）、高裁（同法16条2号）	地裁（2条）本庁（全国50か所）、及び支部（全国203か所）のうち立川支部及び小倉支部（両支部は平成22年4月から）（地裁及び家裁支部設置規則3条参照）	簡裁（368条）（全国438か所）	簡裁（383条）	簡裁（275条）
ウ 意義ないし機能				本人訴訟により、原則として1回の期日で少額訴訟判決を出す制度（実務157頁）	相手方が、自分の債務の存在については争わないが、感情的なものや、資金不足などの理由から任意に履行しないでいるようなときに、低廉、簡易、迅速に債務名義を取得する手段（考え方と実務409頁、実務281頁）。 債務者審尋せず（386条1項）。	〔本来の目的〕提訴を予定している相手との間に、裁判所の斡旋・勧告によって和解を成立させて、訴訟を回避し、安価、迅速に紛争を解決させる（しかし、この機能は調停制度に取って代わられた）。 〔実際の機能〕申立て前に示談が成立した事案について、安価、簡易、迅速に債務名義を取得する（実務222頁）。

	行　政					弁護士会
⑦民事調停	⑧厚労省の都道府県労働局による相談・助言・指導・あっせん（以下、「⑧労働局一般」）	⑨厚労省の都道府県労働局による助言・指導・勧告・調停（以下、「⑨労働局均等法」）	⑩厚労省の都道府県労働局による助言・指導・勧告・調停（以下、「⑩労働局パート法」）	⑪都道府県・市町村による情報提供・相談・あっせん・その他（以下、「⑪都道府県等」）	⑫都道府県労働委員会による情報提供・相談・あっせん・その他（以下、「⑫労働委員会」）	⑬仲裁・和解（以下、「⑬弁護士会仲裁等」）
民事調停法	個別紛争解決促進法	改正均等法（平成 19.4.1 施行）（以下、「均等法」という）	改正パート法（平成 20.4.1 施行）（以下、「パート法」という）	個別紛争解決促進法 20 条	地方自治法 180 条 2 項、180 条の 5 第 2 項 2 号、個別紛争解決促進法 20 条	各単位弁護士会の規程
原則簡裁・合意で簡裁又は地裁（3条）、受訴裁判所（20条）	□相談　総合労働相談コーナー（全国 約 385 か所）□助言・指導　都道府県労働局長（4条）□あっせん　紛争調整委員会（5条）（原則として労働局のある所で）	□助言・指導・勧告　都道府県労働局長（17 条 1 項）□調停　紛争調整委員会（18条、個別紛争解決促進法 6 条 1 項）	□助言・指導・勧告　都道府県労働局長（21 条 1 項）□調停　紛争調整委員会（22 条 1 項、個別紛争解決促進法 6 条 1 項）		平成 19 年 1 月現在で、44 道府県（菅野 687 頁）	各単位弁護士会の仲裁センター、民事紛争解決センター等
						「管轄を問わない（どこに住んでいる人でも利用できる）、気軽に現地に出かける、一級建築士、カウンセラー、土地家屋測量士などの専門家を活用できる、必要なときは土曜日でも審理を行うなど民間だからこそできる機動的・柔軟な手続運営と納得のできる解決が特色」（第二東京弁護士会広報より）

制度	①通常訴訟	②仮処分	③労働審判手続	④少額訴訟	⑤支払督促	⑥訴え提起前の和解
エ 労働紛争に固有の制度か	一般	一般	固有	一般	一般	一般
オ 対象たる紛争	民事訴訟の対象となる紛争	仮処分の対象となる紛争	個別労働関係民事紛争（「労働契約の存否その他の労働関係に関する事項について個々の労働者と事業主との間に生じた民事に関する紛争」1条）	「訴訟の目的の価額が60万円以下の金銭の支払の請求を目的とする訴え」（368条）	「金銭その他の代替物又は有価証券の一定数量の給付を目的とする請求」（382条）	「民事上の争い」（275条）
カ 対象から除外される紛争			募集・採用（解釈上）「事案の性質に照らし、労働審判手続を行うことが紛争の迅速かつ適正な解決のために適当でない」とき（24条1項）	（注1） □助言・指導からの除外 ①集団的紛争（法4条1項、労調法6条、特定独立行政法人労働関係法26条1項） ②均等法関係（均等法16条。注2参照） ③パート法関係（パート法20条、19条。注3参照） ④その他 裁判、民事調停、労委等によるあっせん、紛争調整委員会によるあっせんの手続が進行中又は終了して解決した紛争等（促進法111頁） □あっせんからの除外 ①集団的紛争（法5条1項） ②募集・採用に関する紛争（法5条1項） ③均等法関係（助言・指導に同じ） 　（①から③について、促進法118頁） ④パート法関係（助言・指導に同じ） ⑤事件の性質上不適当（則5条2項）（助言・指導の上記③参照） ⑥不当な目的（則5条2項） 　（⑤及び⑥について、促進法122頁）		
キ 事業主等からの申立ての可否	可	可	可	可	可	可

⑦民事調停	⑧労働局一般	⑨労働局均等法	⑩労働局パート法	⑪都道府県等	⑫労働委員会	⑬弁護士会仲裁等
一般	固有	固有	固有	固有	固有	一般
「民事に関する紛争」（1条）（民事訴訟を提起できるものの他、債務の存在を争わない債務者が弁済の猶予や債務の一部免除が与えられるよう求めるものを含む〔民事調停13頁〕。さらに、利益紛争〔例：賃上げ要求〕も含む〔東京簡裁から聴取〕。)	個別労働関係紛争（「労働条件その他労働関係に関する事項についての個々の労働者と事業主との間の紛争（労働者の募集及び採用に関する事項についての個々の求職者と事業主との間の紛争を含む。）」1条)	□助言・指導・勧告の対象（均等法17条1項、16条）(注2) □調停の対象（均等法18条〔助言等の対象から、募集・採用についての紛争を除いたもの〕）	□助言・指導・勧告の対象（パート法21条、20条、19条）(注3) □調停の対象（助言・指導・勧告の対象と同様〔パート法22条1項〕）	「個別労働関係紛争」（個別紛争解決促進法1条）	「個別労働関係紛争」（個別紛争解決促進法1条）	民事上の紛争
	(注1)	□調停からの除外 募集・採用（均等法18条）(再掲)		(注2) 5条〔募集・採用における性差別の禁止〕、6条〔①配置・昇進・降格・教育訓練、②福利厚生、③職種・雇用形態の変更、④退職勧奨・定年・解雇・契約更新における性差別の禁止〕、7条〔性別以外の事由を要件とする措置（間接差別）〕、9条〔婚姻、妊娠、出産等を理由とする不利益取扱いの禁止等〕、11条1項〔セクハラに対する措置〕、12条〔妊娠中及び出産後の保健指導・健康審査の時間確保〕、13条1項〔妊娠中及び出産後の保健指導・健康審査に基づく指導事項遵守のための措置〕に定める事項についての紛争		
				(注3) 6条1項〔労働条件に関する文書の交付等〕、8条1項〔通常の労働者と同視すべき短時間労働者に対する差別的取扱いの禁止〕、10条第1項〔教育訓練〕、11条〔福利厚生施設〕、12条1項〔通常の労働者への転換〕、13条〔待遇の決定に当たって考慮した事項の説明〕に定める事項についての紛争			
可	可	可	可	可	可	可

制　度	①通常訴訟	②仮処分	③労働審判手続	④少額訴訟	⑤支払督促	⑥訴え提起前の和解
ク 取扱件数・所要期間 (注：たとえば、「2年以内」に終了した事件には、「1年以内」に終了した事件も含む。)	□労働事件1審 全地裁 　既済2,131件 金銭目的 　既済1,703件 　1年以内 　　61.8% 　2年以内 　　92.7% 金銭目的以外 　既済428件 　1年以内 　　53.0% 　2年以内 　　86.7% □同2審 全高裁 　既済387件 金銭目的 　既済258件 　6か月以内 　　65.9% 　1年以内 　　89.1% 金銭目的以外 　既済129件 　6か月以内 　　63.6% 　1年以内 　　90.7% （平成20年。年報37頁〔21表〕、44頁〔39表〕より各算出）	□全仮処分（労働事件以外も含む） 全簡裁 　既済686件 　10日以内 　　86.6% 　6か月以内 　　100% 全地裁 　既済6,456件 　3か月以内 　　89.1% 　6か月以内 　　97.1% （平成20年。年報67頁〔96表〕、68頁〔99表〕より各算出）	□全地裁 新受2,052件 既済1,911件 （平成20年・最高裁調べ） 審理期間 平均74.7日 終局した期日 　第1回期日前 　　5.5% 　第1回期日 　　19.3% 　第2回期日 　　36.9% 　第3回期日 　　35.6% 　第4回期日 　　2.8% （平成18年4月〜同21年11月・最高裁調べ）	□簡裁 新受20,782件 （平成20年。年報6頁〔1-2表〕） □原則1期日、即日判決 （370条、374条） □東京簡裁 第1回期日までの日数は平均40.1日（平成10年。少額訴訟手続関係資料（その2）64頁）	□簡裁 新受388,230件 （平成20年。年報7頁〔1-2表〕） （期日開かず）	□簡裁 新受5,307件 （平成20年。年報7頁〔1-2表〕）
ケ 解決率			□終局事由 終結1,911件 労働審判18.2% （うち異議65.9%） 調停成立69.4% 24条終了3.1% 取下げ8.9% （平成20年・最高裁調べ） （調停成立、労働審判の異議の出なかったもの及び取下げの半分が最終解決したとすると、解決率は、80.0%）	（注4） | 事項 | 件数 | 割合 | | 助言・指導を実施 | 7,346 | 97.3% | | 取下げ | 135 | 1.8% | | 打切り | 38 | 0.5% | | その他 | 27 | 0.4% | | 合計 | 7,546 | 100.0% | （注5） | 事項 | 件数 | 割合 | | 合意 | 2,647 | 33.4% | | 取下げ | 587 | 7.4% | | 打切り | 4,654 | 58.8% | | その他 | 32 | 0.4% | | 合計 | 7,920 | 100.0% |		

⑦民事調停	⑧労働局一般	⑨労働局均等法	⑩労働局パート法	⑪都道府県等	⑫労働委員会	⑬弁護士会仲裁等
□簡裁 新受 148,242 件 既済 158,761 件 （平成20年。年報3頁〔1-1表〕） □東京簡裁 数期日、数か月 （執筆者の民事調停委員としての経験より） □全簡裁 商事事件（労働事件を含む） 4,123 件 3 か月以内 76.6% 6 か月以内 92.7% （平成20年。年報62頁〔79表〕より算出） □地裁 新受 1,916 件 既済 1,893 件 （平成20年。年報3頁〔1-1表〕） □高裁 新受 3 件 既済 5 件 （平成20年。年報3頁〔1-1表〕）	□助言・指導 新受 7,592 件 終結 7,546 件 1 か月以内 96.1% □あっせん 新受 8,457 件 終結 7,920 件 1 か月以内 54.1% 2 か月以内 92.2% （以上平成20年度。厚労省より） □東京労働局のあっせん 原則1期日 例：申立人聴取、相手方聴取、あっせん各30分、合計1時間30分 （あっせん委員より聴取）	□援助申立 676 件 □調停申立 69 件 （以上平成20年度。厚労省均等室より）	（統計なし）	例：東京都産業労働局 □労働相談 54,933 件 所要時間 1件平均22分 □あっせん 677 件 9 日以内 39.1% 19 日以内 56.8% 29 日以内 70.7% （以上平成20年度。東京都より）	1か月程度	全国 □申立 全件 1,085 件 うち職場の紛争 70 件 （仲裁合意のないままに開始されるものも含む） □審理期間 （職場の紛争以外も含む全件）96.0 日 □審理回数 （職場の紛争以外も含む全件）3.1 回 （平成20年度。日弁連より）
	□助言・指導 (注4) （助言・指導したものの6割くらいは解決しているようであるが、統計はない） □あっせん (注5) （平成20年度。厚労省より）	□援助 援助を終了した事業の約8割が解決 □調停 平成20年度に申請された69件のうち31件が、調停案を双方受諾して解決した。 （以上平成20年度。厚労省均等室より）	（統計なし）	例：東京都産業労働局 □あっせん 合意成立 464 件 （解決率68.5%） （平成20年度。東京都より）		□解決 上記新受70件中30件 （解決率42.8%） （注：この「解決」には、和解、和解から仲裁判断に移行したもの、及び仲裁判断の3者が含まれるが、内訳は不明。全件の中では、ほとんどが和解で解決している。） （日弁連より）

149

制度	①通常訴訟	②仮処分	③労働審判手続	④少額訴訟	⑤支払督促	⑥訴え提起前の和解
コ 公開・非公開	公開（憲法82条、裁判所法70条）	口頭弁論を開けば公開、開かなければ非公開（任意的口頭弁論〔3条、民訴87条1項但書〕）	非公開（16条）	公開（口頭弁論を開く〔370条〕から）	非公開（書面審査ゆえ公開の余地なし）	非公開（275条参照）
サ 法定の費用	民訴費用法別表第1、1項（訴え提起）（例：訴額100万円で1万円。同1,000万円で5万円）	民訴費用法別表第1、11項の2のロ（2,000円）	民訴費用法別表第1、14項（訴え提起の概ね半額）	民訴費用法別表第1、1項（訴え提起）（例：訴額60万円で6,000円）	民訴費用法別表第1、10項（訴え提起の半額）	民訴費用法別表第1、9項（2,000円）
シ 取扱事件の種類			全体 3,283件 地位確認 1,585件 48.2% 非金銭その他 131件 3.9% 賃金等 979件 29.8% 退職金 252件 7.6% 金銭その他 336件 10.2% （平成18年4月〜同20年6月。最高裁調べ）	（注6） 事項／件数／割合 普通解雇 1,457 18.5% 整理解雇 421 5.4% 懲戒解雇 99 1.3% 労働条件の引下げ 826 10.5% 退職勧奨 598 7.6% 出向・配置転換 375 4.8% その他の労働条件 1,182 15.0% 採用内定取消 109 1.4% 雇止め 429 5.5% 育児・介護休業 3 0.0% 募集・採用 102 1.3% 雇用管理等 135 1.7% いじめ・嫌がらせ 997 12.7% その他 1,132 14.4% 合計 7,865 100.0%	（注7） 事項／件数／割合 普通解雇 2,542 28.8% 整理解雇 832 9.4% 懲戒解雇 129 1.5% 労働条件の引下げ 751 8.5% 退職勧奨 606 6.9% 出向・配置転換 281 3.2% その他の労働条件 711 8.0% 採用内定取消 235 2.7% 雇止め 526 6.0% 育児・介護休業 3 0.0% 募集・採用 （対象外） 雇用管理等 82 0.9% いじめ・嫌がらせ 1,340 15.2% その他 798 9.0% 合計 8,836 100.0%	

⑦民事調停	⑧労働局一般	⑨労働局均等法	⑩労働局パート法	⑪都道府県等	⑫労働委員会	⑬弁護士会仲裁等
非公開（10条）	あっせん：非公開（規則14条）	調停：非公開（機会均等調停会議につき規則4条3項）	調停：非公開	あっせん：非公開（東京都）	調整、あっせん：非公開（大阪府労委）	非公開
民訴費用法別表第1、14項（訴え提起の概ね半額）	相談、助言、指導、あっせん：無料	助言、指導、勧告、調停：無料	助言、指導、勧告、調停：無料	情報提供、相談、あっせん：無料（東京都）	調整、あっせん：無料（大阪府労委）	例：第二東京弁護士会 □申立手数料 10,500円 □期日手数料 5,250円 □成立手数料 解決額の多寡によるが、300万円までの部分は8％（300万円なら24万円）
	□助言・指導申出（注6） □あっせん申請（注7） （以上平成20年度。厚労省より）	□援助（注8） □調停（注9） （以上平成20年度。厚労省均等室より） （注8） | 事　項 | 件数 | 割合 | |---|---|---| | 第5条関係（募集・採用） | 15 | 2.2% | | 第6条第1号関係（配置・昇進・降格・教育訓練） | | | | 第6条第3号関係（職種・雇用形態の変更） | 25 | 3.7% | | 第6条第2号関係（福利厚生） | | | | 第6条第4号関係（退職勧奨・定年・解雇・労働契約の更新） | | | | 第9条関係（婚姻、妊娠、出産等を理由とした不利益取扱い） | 257 | 38.0% | | 第11条関係（セクシュアル・ハラスメント） | 364 | 53.8% | | 第12条、13条関係（母性健康管理） | 15 | 2.2% | | 第7条関係（間接差別） | 0 | 0.0% | | 合　計 | 676 | 100.0% |		例：東京都産業労働局（注10）（注11）（平成20年度。東京都より）		受理事件 職場の紛争 　全件70件 　解雇・退職 　　28件 40.0% 　労働災害 　　8件 11.4% 　賃金 　　9件 12.8% 　その他 　　25件 35.7% （平成18年度。日弁連より）

制度	①通常訴訟	②仮処分	③労働審判手続	④少額訴訟	⑤支払督促	⑥訴え提起前の和解
ス 利用例	①雇用関係存在確認	①賃金仮払い仮処分	□使用者側から ①セクハラ・パワハラの被害者が退職している事案で、事実関係には争いがないが、主張金額に大きな隔たりがある事件 ②退職者との割増し賃金に関する紛争（判タ1194号8頁）	①未払賃金請求（菅野751頁）使用者側にほとんど抗弁事由がなく、支払義務を認めて分割払いを希望する例が多い（少額訴訟手続内で司法委員が関与する和解で解決。(実務167頁)。 ②解雇予告手当金請求（菅野751頁）	債務不履行の理由が単純な債務者の怠慢や資金不足の場合（実務281頁、282頁）	安価、簡易、迅速に債務名義を取得する。

（略語表）
「考え方と実務」：加藤新太郎編『簡裁民事事件の考え方と実務〔第3版〕第2刷』（民事法研究会、平成19年）
「厚労省」：厚生労働省発表平成21年5月22日『平成20年度個別労働紛争解決制度施行状況』
「厚労省均等」：厚生労働省発表平成21年5月29日『第24回男女雇用機会均等月間について』
「少額」：最高裁判所事務総局民事局監修『少額訴訟手続関係資料（その2）』（法曹会、平成12年）
「実務」：石田賢一編著『簡裁民事の実務〔補訂版〕』（新日本法規、平成16年）
「菅野」：菅野和夫『労働法〔第8版〕』（弘文堂、平成20年）
「促進法」：厚生労働省大臣官房地方課労働紛争処理業務室編『個別労働紛争解決促進法』（労務行政研究所、平成13年）
「東京都」：東京都産業労働局『東京都の労働相談の状況』（平成20年度）
「日弁連」：日弁連・ADR（裁判外紛争処理機関）センター『仲裁統計年報』（全国版）平成20年度版
「年報」：最高裁判所事務総局『平成20年司法統計年報、1民事・行政編』
「民事調停」：最高裁判所事務総局『民事調停委員のための民事調停法規の概説』（平成10年）

（和田一郎　作成）

⑦民事調停	⑧労働局一般	⑨労働局均等法	⑩労働局パート法	⑪都道府県等	⑫労働委員会	⑬弁護士会仲裁等
□東京簡裁 ①退職金請求 ②割増賃金請求 ③安全配慮義務に基づく損害賠償請求事件 （執筆者の経験より）	□助言・指導 →勤務シフトの不利な変更 →従来のシフトに戻す →違法な配置転換 →配置転換撤回 □あっせん ①いじめで退職 →解決金支払 ②成績不良解雇 →金銭解決 （厚労省より。）	（注9） 	事項	件数	割合
---	---	---
第6条第1号関係（配置・昇進・降格・教育訓練）		
第6条第3号関係（職種・雇用形態の変更）		
第6条第2号関係（福利厚生）	2	2.9%
第6条第4号関係（退職勧奨・定年・解雇・労働契約の更新）		
第9条関係（婚姻、妊娠・出産等を理由とした不利益取扱い）	13	18.8%
第11条関係（セクシュアル・ハラスメント）	54	78.3%
第12条、13条関係（母性健康管理）	0	0.0%
第7条関係（間接差別）	0	0.0%
合計	69	100.0%			（注10）相談項目上位5位 | 順位	事項	項目数	割合
---	---	---	---
1位	解雇	10,625	11.5%
2位	退職	8,460	9.1%
3位	賃金不払	7,733	8.3%
4位	労働契約	6,377	6.9%
5位	職場の嫌がらせ	5,960	6.4%
	総項目数	92,644	100.0% | （注11）あっせんの内容（重複あり） | 順位	事項	項目数	割合
---	---	---	---
1位	解雇	212	20.5%
2位	賃金不払	153	14.8%
3位	退職	116	11.2%
4位	職場の嫌がらせ	97	9.4%
5位	労働契約	50	4.8%
	総項目数	1,208	100.0%		

資料 5 個別労働関係紛争解決手続総覧
――労働審判制度と労働契約法に着目して――

(出所:中央ロー・ジャーナル 5 巻 4 号〔2009 年〕157 頁~168 頁)

遠山　信一郎（中央大学法科大学院特任教授、弁護士）

I　緒論[1]――司法改革と労働法制改革

1．司法改革のマスタープランである司法制度改革審議会意見書（平成 13 年 6 月 12 日）における労働法制改革の骨子（Ⅱ　国民の期待に応える司法制度・第 1　民事司法制度の改革・4　労働関係事件への総合的な対応強化）は、次の通りであった。

- 労働関係訴訟事件の審理期間をおおむね半減することを目標とし、民事裁判の充実・迅速化に関する方策、法曹の専門性を強化するための方策等を実施すべきである。
- 労働関係事件に関し、民事調停の特別な類型として、雇用・労使関係に関する専門的な知識経験を有する者の関与する労働調停を導入すべきである。
- 労働委員会の救済命令に対する司法審査の在り方、雇用・労使関係に関する専門的な知識経験を有する者の関与する裁判制度の導入の当否、労働関係事件固有の訴訟手続の整備の要否について、早急に検討を開始すべきである。　　　（傍点筆者）

2．このプランの制度的成果物としては、手続法では「労働審判制度」、実体法では「労働契約制度」が注目されるところである。

「労働審判制度」は、いわば雇用・労使関係に関する専門的な知識経験を有する者の関与する「労働調停」と「裁判制度（ヨーロッパ諸国で採用されている「労働参審制」を含む）」との中間的な制度として設計導入されたものである[2]。

II　個別労働関係紛争解決制度メニュー

労働参審制度を取り入れた我が国の個別労働関係紛争[3]解決制度を総覧してみる。

1. 労使間自主交渉による紛争解決

　個別労働関係紛争は、労使間の自主的交渉により、円満に解決されるのが理想である。

　個別労働関係紛争の解決の促進に関する法律（以下「個別労働関係紛争解決促進法」）第2条が、当事者に紛争を自主的に解決すべき努力義務を課しているのは、その理想にもとづくものである。

　ただし、労使間は、情報力、経済力、交渉力等において大きな格差があるので、個々の労働者には、行政、労働組合、裁判所、弁護士等の適切な紛争解決支援（相談・助言・代理・ADR[4]・訴訟等）が必要となる。

2. 行政活動による紛争解決支援

(1) 厚生労働省都道府県労働局

　現在の労働局の標準的な組織体制については、文末に掲げた表の通りである。

① 需給調整事業課

a. 業務
　・労働者派遣事業に関する個別相談に対する助言・指導

b. 根拠法
　・労働者派遣事業の適正な運営の確保及び派遣労働者の就業条件の整備等に関する法律
　・職業安定法

② 雇用均等室

a. 業務
　・男女雇用機会均等、育児・介護休業に関する助言・指導・勧告・紛争解決援助（行政型ADR）
　・短時間労働者と事業主との間の紛争解決援助・調停（行政型ADR）

b. 根拠法
　・雇用の分野における男女の均等な機会及び待遇の確保等に関する法律
　・育児休業・介護休業等育児又は家族介護を行う労働者の福祉に関する法律
　・短時間労働者の雇用管理の改善等に関する法律

③ 総務部企画室
a. 業務
・全国約 300 カ所に設けられた総合労働相談コーナーにおける情報提供、相談
・労働局長による助言・指導
・紛争調整委員会によるあっせん（行政型 ADR）
b. 根拠法
・個別労働関係紛争解決促進法

④ 労働基準監督署
a. 業務
・労働基準法違反（賃金不払い、サービス残業等）の指導監督
b. 根拠法
・労働基準法第 97 条以下

(2) 地方自治体
① 労働相談情報センター（東京都産業労働局の出先機関）
a. 業務
・労務、労働問題全般の相談及びあっせん（行政型 ADR）
b. 根拠法
・個別労働関係紛争解決促進法

② 都道府県労働委員会
　個別労働関係紛争解決促進法において、地方公共団体が個別紛争の自主的解決促進のため必要な措置を推進するよう努めるものとされたことを踏まえて、多くの都道府県労働委員会で、個別労働紛争のあっせん等の調整（行政型 ADR）を行っている。

3. 労働組合による紛争解決支援

　労働組合の組織形態としては、①企業別労働組合（同一企業の労働者によって組織される労働組合）、②産業別労働組合（金属・鉄鋼・電機等一定の産業に従事する労働者によって、職種に関係なく組織される労働組合）、③職業別労働組合（熟練した工業労働者等によって組織される労働組合）、④一般（合同）労働組合（企業の枠を超えて、一定の地域で個人加入で組織される労働組合。職種別や産業別に組織したり、管理職や女性・外国人・パートなど対象者を限定したり、多様な形態をとる。）などに大別され、我が国において

は、企業別労働組合が常態である。

　個々の労働者は、使用者との間で労働関係紛争が生じた場合、加入する企業別労働組合に、解決支援を求めることができるし、職場に労働組合が結成されていない場合は、一般（合同）労働組合に加入して、解決支援を求めることができる。

　労働組合は、使用者と団体交渉を求めるなどの紛争解決支援をすることになる[5]。

4. 裁判所による紛争解決支援

(1) 簡易裁判所

① 民事調停（司法型 ADR）

　民事調停は、裁判官のほかに良識ある民間人2人以上が加わって組織された調停委員会が、必ずしも法律に縛られないで、実情に合った解決を目指して当事者を説得し、その結果、当事者が合意することによって紛争を解決しようとする制度である（民事調停法1条）。

② 支払督促

　支払督促とは、簡易裁判所の書記官が、金銭その他の代替物又は有価証券の一定量の給付を目的とする請求につき、債権者の申立により、その申立内容だけを書類審査して債務者にその支払を命ずるものである。

　紛争となっている金額にかかわりなく、賃金請求や損害賠償請求等の金銭の支払いを求める場合に利用できる。

　ただし、支払督促の利用は、「日本において公示送達によらないでこれを送達できる場合」に許されるものであるので、債務者の住所が不明もしくはない場合は、申立をしても却下されることになるので、注意を要する（民事訴訟法382条、385条、386条1項）。

③ 少額訴訟

　少額訴訟手続とは、60万円以下の金銭の支払を求める訴えについて、原則として1回の審理で紛争を解決する特別の訴訟手続で、市民間の規模の小さな紛争を、少ない時間と費用で迅速に解決することを目的とした手続である（民事訴訟法368条）。

　賃金請求などに利用できる。

④ 通常訴訟

　民事訴訟とは、私人間の民事紛争を、裁判官が当事者双方の主張（言い分）を聴い

たり（主張整理、争点整理）、証拠を調べたり（証拠調べ）した後に、判決をすることによって紛争の解決を図る手続をいう。

訴訟の目的の価額が 140 万円を超えない請求事件が、簡易裁判所で取り扱われる（事物管轄・裁判所法 33 条 1 項 1 号）。

訴訟係属中に、当事者間で、訴訟上の請求について「和解」をして、訴訟を終了させることができる[6]。

(2) 地方裁判所
① 労働審判（労働審判法）

労働審判制度とは、労働契約の存否その他の労働関係に関する事項について個々の労働者と事業主との間に生じた民事に関する紛争（「個別労働関係民事紛争」）に関し、裁判所において、裁判官（労働審判官）及び労働関係に関する専門的な知識経験を有する者（労働審判員）で組織する委員会（「労働審判委員会」）が、当事者の申立により、事件を審理し、調停の成立による解決の見込みがある場合にはこれを試み、その解決に至らない場合には、労働審判（個別労働関係民事紛争について当事者間の権利関係を踏まえつつ事案の実情に即した解決をするために必要な審判をいう。）を行う手続である（労働審判手続図参照）。

紛争の実情に即した迅速、適正かつ実効的な解決を図ることを目的とする、労働調停を包括した争訟的非訟手続で、労働審判に異議のある当事者は 2 週間以内に異議を申し立てることができ、それにより審判は失効するが、申立にかかる請求につき、申立時に訴えが提起されたものとみなされる。異議の申立がない場合、労働審判は「裁判上の和解」と同一の効力を有する。

司法型 ADR と位置づけられるものである。

平成 18 年 4 月から施行され、平成 18 年 877 件、平成 19 年 1,494 件、平成 20 年は 8 月までで 1,251 件と、着実に利用を伸ばしている。その要因としては、迅速かつ高い解決率が指摘されている。統計的には、申立から 3 カ月以内の解決が実現され、解決率は 80％を超えるものと評価されている[7]。

② 民事保全（保全処分）

民事保全には、その目的と方法によって、仮差押え（民事保全法 20 条）、係争物に関する仮処分（同法 23 条 1 項）、仮の地位を定める仮処分（同法 23 条 2 項）がある。

仮差押えは、金銭債権について、執行の目的たる債務者の責任財産（不動産、動産、債権等）のうち、債権額に相応する適当な財産を選択して、その現状を維持し、将来

労働審判手続図

労働審判制度の概要

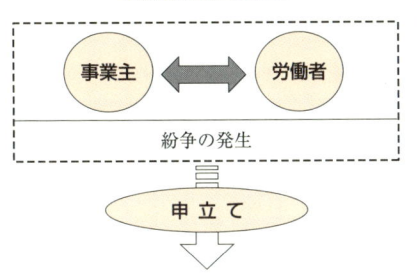

事業主 ⇔ 労働者

紛争の発生

労働審判制度の趣旨
・個別労働関係事件の増加への対応
・労働関係の専門的な知識経験を生かした迅速・適正な紛争解決の促進

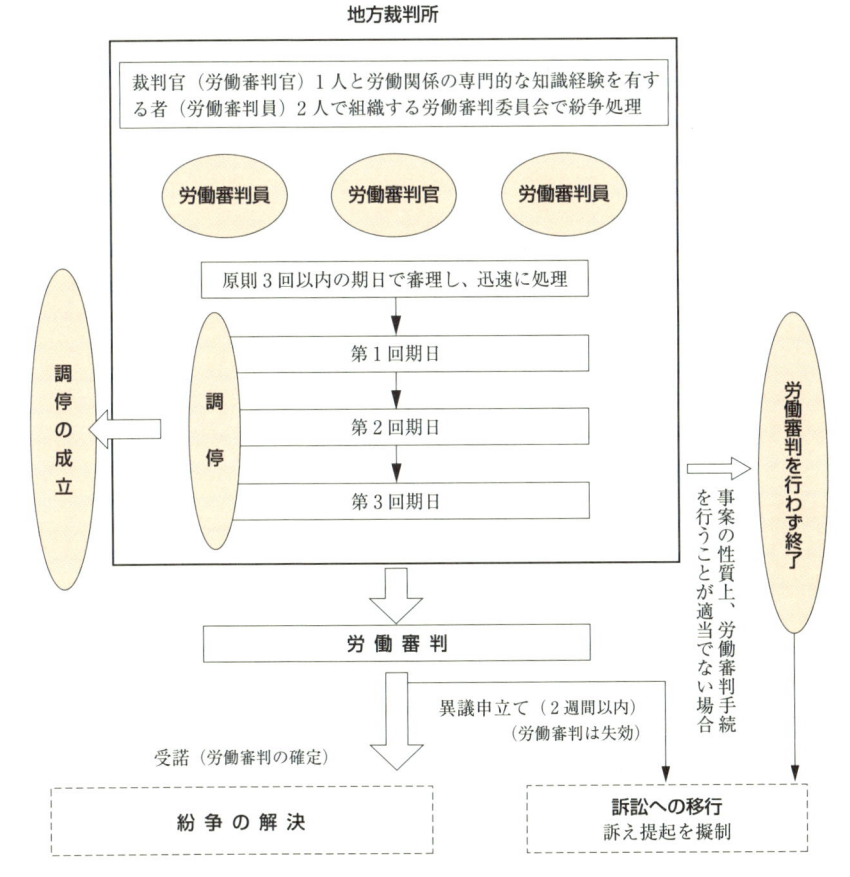

申立て
↓
地方裁判所

裁判官（労働審判官）1人と労働関係の専門的な知識経験を有する者（労働審判員）2人で組織する労働審判委員会で紛争処理

労働審判員　労働審判官　労働審判員

原則3回以内の期日で審理し、迅速に処理

第1回期日
↓
第2回期日
↓
第3回期日

調停 → 調停の成立

事案の性質上、労働審判手続を行うことが適当でない場合 → 労働審判を行わず終了

↓
労働審判
↓
受諾（労働審判の確定） → 紛争の解決

異議申立て（2週間以内）（労働審判は失効） → 訴訟への移行
訴え提起を擬制

の強制執行を保全するための保全処分である。例えば、賃金債権を有する労働者が使用者に対し、賃金等請求訴訟を提起して、債務名義を獲得して強制執行に着手するまでに、使用者が財産を隠匿したり、資産の状況を変更することができないようにするという効果がある。

仮の地位を定める仮処分は、争いがある権利関係について、債権者に生ずる著しい損害又は急迫の危険を避けるために、暫定的な地位を定める保全処分である。

個別労働関係紛争解決手段としては、解雇された労働者が、従業員たる地位を仮に定める（地位保全仮処分）とともに、賃金の仮払いを命ずる仮処分（賃金仮払仮処分）を申請するのが、典型的なケースである。

なお、労働仮処分の管轄裁判所は、本案の管轄裁判所である。

③ 民事訴訟

訴訟の目的の価額が、140万円を超える民事訴訟は、地方裁判所が取り扱う（裁判所法24条1項）。

大規模な地方裁判所では、「労働部」「労働集中部」などが設置されている。いわゆる労働関係訴訟は、民事訴訟法が適用され、その訴訟類型としては「地位確認等請求」「配転命令等無効確認」「賃金請求」「解雇予告手当請求」「時間外手当請求」「退職金請求」などがある。要件事実的事件整理と効率的な計画審理などを駆使して、訴訟の充実化・迅速化が図られている[8]。

④ 民事執行

民事執行とは、「強制執行」「担保権の実行としての競売」「民法、商法その他の法律の規定による換価のための競売」「債務者の財産の開示」の各手続の総称である（民事執行法1条）。

強制執行とは、執行機関（執行官又は執行裁判所〔民事執行法2条〕）が、私法上の請求権の強制的実現を図る手続で、地方裁判所が執行裁判所となる（同3条、44条、144条）。

労働者が債務名義化（確定判決等、同22条）した金銭債権（賃金・損害賠償等）をもって、使用者名義の財産（不動産・債権・動産など）からの強制的回収を図ることができる。

5. 弁護士会等による紛争解決支援

① 法律相談活動

　全国各弁護士会の法律相談センターや日本司法支援センター（通称「法テラス」）では、労使双方からの労働問題についての法律相談活動を展開しており[9]、事件処理を担当する弁護士の紹介もする。

② 弁護士会仲裁センター

　弁護士会の仲裁センターは、現在25単位会（29センター）が、仲裁センター、民事紛争解決センター等の名称で弁護士会運営の裁判外紛争解決手続（民間型ADR）を展開している[10]。
　根拠法は仲裁法である。

③ 全国社会保険労務士会

　全国社会保険労務士会連合会及び都道府県社会保険労務士会は、「社労士会労働紛争解決センター」を設置して、個別労働関係紛争の和解の仲介を行っている。

Ⅲ　紛争予防・解決規範としての労働契約法

1. 労働契約法の基本的考え方

　個別労働関係紛争の増加[11]などに対応して、労働基準法とは別の民事上のルールを定めた法律が必要となり、労働契約法が2007年12月5日に制定され、2008年3月1日に施行された。
　労働契約法は、労使紛争の判例法理を集約する形でまとめられた法律で、採用や解雇などのルールを明確にし、労使が対等な立場で自主的に労働条件を決定することを促進して、労働者個人と企業との紛争予防などを図ることを基本的な考え方としている。

2. 労働基準法との関係

　労働契約法は、労使当事者が対等立場で自主的に労働契約の決定を促進する法律で、労働基準法は、労働条件の最低基準を定め、罰則や監督・指導により、労働条件の確保を図る法律である。両者の基本的な性格は異なるが、時代の変化に対応した、

労働契約法と労働基準法の相違点

	労働契約法	労働基準法
法の性質	民法の特別法	行政取締法規
法の目的	労働契約成立・変更、展開・終了についての紛争予防・解決規範	人たるに値する労働条件の確保
適用の要件	当事者の合意	当事者の「使用従属関係」の実態
労働条件の設定	自主的対等交渉	最低労働条件基準の法定
不履行の是正	民事紛争解決手続（ADR・訴訟等）による	行政機関（労働基準監督署）による監督・指導・臨検・処分・送検、刑事処罰

適正な労働条件・労働環境の実現を目標にしている点は同じで、両者があいまって、これからの労働条件・労働環境の改善を進めていくものといえる。

なお、労働契約法は、「民法の特別法」[12]として、民法上の責任が問われるが、労基法のような罰則や行政の監督・指導はなく、行政の関与は情報収集・提供などの援助や指針の策定にとどまり、紛争には個別労働紛争解決制度によって対応することになる（上記表参照）。

3. 労働契約法の骨子

全5章19条の小ぶりな法典である。その要点をインデックス化すると以下のようになる[13]。

第1章　総則
　第1条　目的＝労働者の保護・個別労働関係の安定
　第2条　労働者・使用者の定義
　　① 「労働者」＝使用者に使用されて労働し、賃金を支払われる者
　　② 「使用者」＝その使用する労働者に対して賃金を支払う者
　第3条　労働契約の原則
　　① 対等・合意原則
　　② 均衡考慮
　　③ 仕事と生活の調和（ワークライフバランス）配慮
　　④ 信義則
　　⑤ 権利濫用の禁止
　第4条　労働契約の内容の理解の促進
　　① 理解を深める（締結前・締結時・締結後）

②　書面確認（締結時・締結後）
　第5条　労働者の安全への配慮
第2章　労働契約の成立及び変更
　第6条　合意による労働契約の成立
　第7条　労働契約の内容と就業規則との関係―就業規則による労働契約の内容の決定
　第8条　合意による労働契約の内容の変更
　第9条　合意によらない就業規則による労働契約の内容の不利益変更の禁止
　第10条　合意によらない就業規則による労働契約の内容の不利益変更の要件と効力（就業規則の不利益変更法理）
　第11条　就業規則の変更に係る手続
　第12条　就業規則違反の労働契約
　第13条　法令及び労働協約と就業規則との関係
第3章　労働契約の継続及び終了
　第14条　出向―権利を濫用すると無効
　第15条　懲戒―権利を濫用すると無効
　第16条　解雇―権利を濫用すると無効
第4章　期間の定めのある労働契約
　第17条　有期契約
　　①　契約期間中の解雇制限―やむを得ない事由によらない期間中の解雇禁止
　　②　不必要な短期の労働契約の反復更新の回避の配慮
第5章　雑則
　第18条　船員に関する特則
　第19条　適用除外

Ⅳ　今後の労働法制の展望

1．労働法制の重要性

　人は、その人生の大半を家庭と職場で過ごす。ゆえに家族法と労働法は人生の二大基本法といえる。
　さらに、人は日々の糧（所得）を、職場において獲得する。
　企業にとっては、最も重要な利益の源泉は「労働力」であり、人材育成・人事管理

個別労働関係紛争発生

実 体 法 （民法・労働契約法等）	手 続 法
労働要件事実による主張整理	紛争解決スタイル＆プロセス

個別労働関係紛争

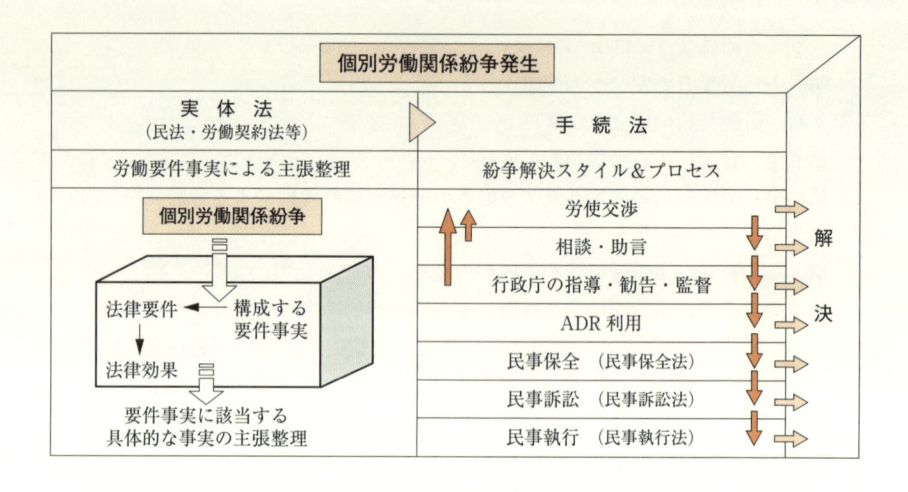

- 法律要件 ← 構成する要件事実
- 法律効果

要件事実に該当する具体的な事実の主張整理

手続		解決
労使交渉	↑↑	
相談・助言	↓	解
行政庁の指導・勧告・監督	↓	
ADR 利用	↓	決
民事保全 （民事保全法）	↓	
民事訴訟 （民事訴訟法）	↓	
民事執行 （民事執行法）	↓	

現在の都道府県労働局の標準的な組織体制

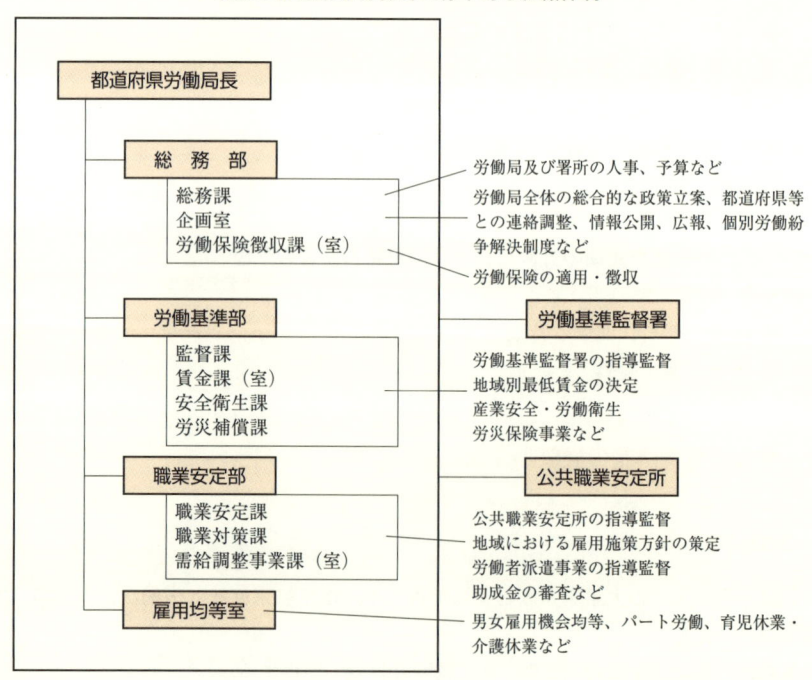

都道府県労働局長

- **総務部**
  - 総務課 — 労働局及び署所の人事、予算など
  - 企画室 — 労働局全体の総合的な政策立案、都道府県等との連絡調整、情報公開、広報、個別労働紛争解決制度など
  - 労働保険徴収課（室） — 労働保険の適用・徴収

- **労働基準部** → **労働基準監督署**
  - 監督課
  - 賃金課（室）
  - 安全衛生課
  - 労災補償課

  — 労働基準監督署の指導監督
  — 地域別最低賃金の決定
  — 産業安全・労働衛生
  — 労災保険事業など

- **職業安定部** → **公共職業安定所**
  - 職業安定課
  - 職業対策課
  - 需給調整事業課（室）

  — 公共職業安定所の指導監督
  — 地域における雇用施策方針の策定
  — 労働者派遣事業の指導監督
  — 助成金の審査など

- **雇用均等室** — 男女雇用機会均等、パート労働、育児休業・介護休業など

は企業の生命線である。

　働ける国民が、働いて所得を得て納税し消費生活することで、国・社会は成り立っている。ゆえに労働法制・雇用政策は、国の社会政策の基幹をなすものなのである。

2. 実体法の充実化——労働契約法の将来的課題

　労働契約法の積み残し立法テーマとしては、以下の事項などが考えられる[14]。
 (1)　労使委員会制度の導入
 (2)　就業規則の不利益変更における合理性の推定規定
 (3)　解雇の金銭的解決制度
 (4)　整理解雇の4要件（要素）規定
 (5)　経済従属性ある者（たとえば、個人請負労働者など）への適用拡大

　今後は、規定内容の豊富化・充実化を図り、労働契約に関する包括的なルールを定めた法律に成長させていくことが重要な課題である[15]。

3. 手続法の充実化——ADR拡充の必要性

　継続的債権関係で、人格的色彩の強い労働契約関係の紛争処理については、ADRが適切である。これに応じて、行政型・司法型・民間型ADRが、多様に成立していることは、すでに紹介したところである。

　その運用が、さらに充実・拡充されることが望まれるところである。

　以上述べてきた個別労働関係紛争解決について図にまとめてみた。要するに手続法のない実体法では「画に描いた餅」となり、また実体法のない手続法は「空虚」なのである。

注
1)　本資料は、筆者担当本学リーガルクリニック（個別労働紛争）授業の教材をもとにまとめたものである。
2)　当時、制度設計を担当した内閣府司法制度改革推進本部労働検討会に対応する日本弁護士連合会労働検討会バックアップチームに所属していた筆者としては、検討会が、「労働調停」を推進する経営側と「労働参審制」を推進する労働側との間で、調整をとりながら創意と工夫を十二分にこらして創造的な設計導入を成し遂げたという感想をもっている。労働検討会における制度設計の経緯については、近藤昌昭・齊藤友嘉『司法制度改革概説2・知的財産関係二法／労働審判法』283頁以下（商事法務、2004年）。

3）　労働に関わる紛争のうち、個々の労働者と使用者とが当事者で争う形のものを「個別労働（関係）紛争」といい、労働組合等と使用者とが当事者で争う形のものを「集団的労働（関係）紛争」という。

　後者の解決のために、労働委員会による「不当労働行為の救済」（労働組合法）や「労働争議のあっせん・調停・仲裁」（労働関係調整法）などの制度が用意されている。

　労働に関わる紛争については、「権利紛争」と「利益紛争」という分類もある。「権利紛争」とは、労働関係における権利義務の存否・内容（賃金請求、労働者地位確認等）に関する紛争であり、利益紛争とは、労使等当事者の合意により新たなルール（労働協約・就業規則等）の形成を目指す紛争とされる。

4）　Alternative Dispute Resolution（裁判外紛争解決手続等）とは、訴訟手続によらずに民事上の紛争を解決しようとする当事者のために、公正な第三者が関与して、その解決を図る手続一般といわれている（裁判外紛争解決手続の利用の促進に関する法律〔ADR促進法〕第1条参照）。民間機関のADRが、ADR促進法上の認証（法務省）を取得すると「時効中断効」「訴訟手続の中止」「調停前置の代替」などの特例が適用される。労働紛争の分野は、交通事故損害賠償の分野とともにADRが充実・発展している分野である。

　小島武司・伊藤眞編『裁判外紛争処理法』（有斐閣、1998年）。遠山信一郎「交通民事賠償の世界—その法理と実務」月報司法書士（2006年2月号）2頁以下。

5）　解雇・雇止め等された労働者が駆け込み的に一般（合同）労働組合に加入して、労働組合が、使用者側に解雇・雇止め等の撤回を求めて団体交渉をする事例などがよく見受けられる。使用者側が、団体交渉を拒否すると、組合側はこれを不当労働行為（団交拒否・労働組合法第7条2号）として、都道府県労働委員会に救済を求める事例もある。個別労働関係紛争と集団的労働関係紛争が交錯する紛争場面となる。

6）　これを「訴訟上の和解」という。地方裁判所以上の上級裁判所においても、活用されている制度である。簡易裁判所に限り、「訴え提起前の和解」（民事訴訟法275条）という訴訟回避し、安価、迅速に紛争を解決する制度もある。両者合わせて「裁判上の和解」ということがある。

7）　最近の労働審判制度の実務状況については、ジュリスト増刊「労働審判—事例と運用実務」菅野和夫監修・日本弁護士連合会編（有斐閣、2008年12月）。別冊NBL編集部編「労働審判制度の活用と運用」（商事法務、2007年6月）。

8）　山口幸雄・三代川三千代・難波孝一編『労働事件審理ノート〔改訂版〕』、（判例タイムズ社、2007年）。

9）　筆者は、法テラス発足以来、労働相談担当をしているところ、多種多様の労使双方からの労働相談を受けてきている。労働者側の相談では、紛争解決のための資力・時間的余裕が乏しく行政的紛争解決支援を勧めることが多い。弁護士介入の必要性の高い事案については、法テラスで、弁護士費用立替等の支援をしている。使用者側の相談では、中小零細事業主がほとんどで、使用者（強者）対労働者（弱者）紛争という構造ではなく、弱者

同士の紛争という構造も少なくないというのが率直な感想である。
10) 平成19年度（平成19年4月1日～平成20年3月31日）の受理事件数は、1,033件で、うち「職場の紛争」類型は、63件であった。「仲裁統計年報（全国版）平成19年度」編集・発行日本弁護士連合会ADR（裁判外紛争解決機関）センター。
11) 増加の要因としては、①就業形態の多様化とくに多様な非正規労働者の増大が進む雇用情勢、②集団的労働条件決定システム機能の低下（労働組合の弱体化）による労働条件の決定・変更の個別化傾向、③使用者側の無理な人事管理と労働者側の権利意識の高まり、などの指摘がされている。厚生労働省「今後の労働契約法制の在り方に関する研究会」報告書（平成17年9月15日）2頁以下参照。
12) 民法623条の「雇用」契約は、当事者の一方が相手方に対して「労働に従事すること」を約し、相手方がこれに対して「報酬を与えること」を約するものとしている。そのうえで、労働契約法は、「労働者」と「使用者」を定義し（2条）、「労働者が使用者に使用されて労働し、使用者がこれに賃金を支払うこと」の合意を、労働契約成立の要件としている（6条）。現在、法務省の「民法（債権法）改正検討委員会」において、債権法の抜本改正が検討されている中で、民法と労働契約法の整序が議論となっている。山川隆一「雇用の規定を残す必要はあるか―労働契約法との関係をどう考えるか」法律時報増刊号（日本評論社、2008年9月）311頁以下参照。
13) 労働契約法の詳しい内容については、米津孝司ほか「労働契約法逐条解説」労働法律旬報1669号（旬報社、2008年4月）6頁以下、荒木尚志ほか『詳解・労働契約法』（弘文堂、2009年）参照。
14) 前掲（注11）「今後の労働契約法制の在り方に関する研究会」報告書で検討され労働契約法に規定されなかった事項で、本文摘示以外では次のものがある。
〈労働契約の成立・変更〉
　① 採用内定・試用期間等
　② 雇用継続型契約変更制度（変更解約告知）
〈労働契約の継続・終了〉
　③ 配置転換
　④ 出向の要件、出向の契約時の明示・就業規則への記載、出向期間中の労働条件
　⑤ 転籍
　⑥ 昇進、昇格、降格
　⑦ 労働契約に伴う権利関係
　　　労働者側：兼業禁止、競業禁止、秘密保持
　　　使用者側：安全配慮、個人情報保護
　⑧ 労働者の損害賠償責任の制限、留学費用の返還
　⑨ 懲戒の要件、非違行為と懲戒処分との均衡、懲戒手続き
　⑩ 解雇の類型を例示

⑪　有期労働契約の締結、更新及び雇止めに関する基準
15)　労働契約法の将来像としては、「民法の特別法」にとどまることなく、とくに事業所レベルにおける労使間の集団的な合意形成の仕組みを支える、いわば「労使関係基本法」を目指すべきという提言がある。
　　田中清定「労働契約法から『労使関係基本法』へ」労働経済情報24号（2008年11月、畑中労働経済研究所）37頁以下。

事項索引

●あ行
あっせん……………………………42,77
　　──の委任…………………………44
　　──の合意文書……………………47
あっせん委員…………………………36
あっせん申請書………………………42
あっせん申請の受理…………………42
育児・介護休業法……………………49
いじめ・嫌がらせ…………………38,65

●か行
解決金…………………………………86
解雇……………………………38,55,77
　　──の有効性の判断………………81
解雇権濫用…………………………71,81
解雇権濫用法理……………33,40,80,86
解雇辞令………………………………79
解雇相談………………………………33
解雇通知書……………………………78
解雇予告………………………………33
解雇理由証明書……………………17,66,82
解雇理由請求書………………………79
回答書…………………………………82
仮処分………………………………8,25,57
簡易裁判所……………………………58
　　──の民事調停…………………24
管理監督者……………………………91
企画業務型裁量労働制………………91
期日の指定……………………………10
期日の変更……………………………10
教示……………………………………48
行政ADR………………………………30
行政機関………………………………59
金銭解決………………………………80
クリーンハンドの原則………………74
原職復帰………………………………24
合議……………………………………16
厚生労働大臣のガイドライン………102

●さ行
公労使三者構成………………………52
個別的労働紛争………………………9
個別労働紛争解決制度……………30,31
　　──一覧表………………………144
個別労働紛争解決促進法…………30,59
雇用均等室……………………………49

●さ行
残業代請求事件………………………89
時間外・休日労働の割増賃金………91
事業場外労働時間のみなし制………91
事業主…………………………………31
時効援用………………………………92
自主退職………………………………80
就業規則………………………………21
　　──の不利益変更………………71
出頭……………………………………23
少額訴訟…………………………57,58
証人……………………………………83
除外賃金………………………………91
職場復帰………………………………80
助言・指導・勧告…………………49,77
書証……………………………………21
所定時間外労働………………………92
人格紛争………………………………61
審尋…………………………………11,23
審判官…………………………………5
審理期間………………………………7
性的な言動……………………………102
整理解雇………………………………39
セクシュアル・ハラスメント……10,49,98
専門業務型裁量労働制………………91
総合労働相談…………………………77
総合労働相談員………………………38
総合労働相談コーナー………………31

●た行
退職型の和解…………………………85

退職事由証明書……………………………82
退職和解………………………………………86
男女雇用機会均等法……………………49
地位解消型となる労働審判……………14
地位解消型の調停…………………………13
地位確認事件………………………………85
懲戒解雇……………………………………81
懲戒権濫用…………………………………81
調停……………………………………3,11,49
調停案…………………………………………11
陳述書…………………………………………21
手続選択……………………………………24
東京地裁労働部……………………………8
当事者の呼出し……………………………10
答弁書…………………………………20,82
　　──のひな形……………………20,123
都道府県労働委員会の個別紛争のあっせん……51
都道府県労働局……………………………31
都道府県労働局長による助言・指導……35

● な 行

24条終了………………………………………6

● は 行

パートタイム労働法………………………49
パワーハラスメント……………………38,65
付加金……………………………………89,92
復職型の和解（復帰和解）………………85
普通解雇……………………………………81
紛争調整委員………………………………37
紛争調整委員会によるあっせん………35
　　──の委嘱………………………………42
変形労働時間制……………………………91
弁護士会………………………………………55
　　──仲裁センター………………………76
弁護士費用…………………………………62
法定時間外労働……………………………92
法テラス……………………………………55
本訴……………………………………………57

● ま 行

民事調停……………………………………57
無断欠勤……………………………………80
申立書のひな形……………………20,113

● や 行

雇止め…………………………………………55

● ら 行

利益相反…………………………………104
利益紛争……………………………………61
立証責任……………………………………93
労災事件……………………………………65
労使紛争……………………………………61
労政主管事務所（旧労政事務所）の労働相談…50
労働委員会…………………………………51
　　──の救済命令…………………………69
労働仮処分………………………………8,25
労働基準監督官……………………………37
労働基準監督署……………………………31
労働局雇用均等室の調停………………100
労働組合……………………………………54
労働契約書…………………………………21
労働時間性…………………………………90
労働者………………………………………31
労働条件の引下げ……………………38,55
労働審判………………………………3,4,11,58
労働審判委員会………………………………4
労働審判員…………………………………3,5
　　──の選任………………………………10
労働審判期日………………………………11
労働審判事件の終了………………………6
労働審判手続の申立て……………………9
労働審判手続申立書………………………20
労働紛争調整官……………………………37

● わ 行

和解……………………………………………85
割増賃金……………………………………91
ワンストップサービス……………………37,97

◆執筆者紹介 （五十音順）

加藤俊子（かとう・としこ）
1981年東京都立大学法学部卒業。1983年第二東京弁護士会登録。1986年東京弁護士会登録替え。2006年日本弁護士連合会ADRセンター副委員長。

岸本武史（きしもと・たけし）
1990年東京大学法学部卒業。同年労働省入省。2008年厚生労働省大臣官房地方課労働紛争処理業務室長。2011年東レ株式会社CSR推進室。

遠山信一郎（とおやま・しんいちろう）
1975年中央大学法学部卒業。1982年第一東京弁護士会登録。2004年中央大学法科大学院特任教授。国土交通省中央建設紛争審査会特別委員。文部科学省原子力損害賠償紛争審査会特別委員。公益財団法人日弁連交通事故相談センター副理事長。民事調停委員（武蔵野簡易裁判所）。

水口洋介（みなぐち・ようすけ）
1982年中央大学法学部卒業。1986年第二東京弁護士会登録。2002～2007年日本弁護士連合会労働法制委員会事務局長。2008年度第二東京弁護士会副会長。2009年度日本弁護士連合会理事、同労働法制委員会副委員長。2009年～日本労働弁護団幹事長。

和田一郎（わだ・いちろう）
1978年東京大学法学部卒業。1985年第一東京弁護士会登録。長島・大野法律事務所（現：長島・大野・常松法律事務所）勤務。1990年和田良一法律事務所勤務。2005年牛嶋・寺前・和田法律事務所パートナー。2003年日本弁護士連合会労働法制委員会副委員長。2004年経営法曹会議常任幹事。

渡辺　弘（わたなべ・ひろし）
1982年東京大学法学部卒業。1984年東京地裁判事補。その後、広島家地裁、厚生省大臣官房老人保健福祉部、同社会局、最高裁事務総局総務局等の勤務の後、1994年福岡地裁判事。1998年司法研修所教官。2002年東京地裁判事。2007年東京地裁民事第36部部総括判事。2012年東京高裁第16民事部判事。

労働紛争解決とADR　　　日弁連ADRセンター双書 5

平成24年11月30日　初版 1 刷発行

編　者　日本弁護士連合会　ADR（裁判外紛争解決機関）センター
発行者　鯉　渕　友　南
発行所　株式会社 弘 文 堂　　101-0062　東京都千代田区神田駿河台1の7
　　　　　　　　　　　　　　TEL 03(3294)4801　　振替 00120-6-53909
　　　　　　　　　　　　　　http://www.koubundou.co.jp

装　丁　松 村 大 輔
印　刷　三 美 印 刷
製　本　牧製本印刷

© 2012 JFBA ADR (Alternative Dispute Resolution) Center. Printed in Japan
JCOPY 〈(社)出版者著作権管理機構　委託出版物〉
本書の無断複写は著作権法上での例外を除き禁じられています。複写される場合は、
そのつど事前に、(社)出版者著作権管理機構（電話 03-3513-6969、FAX 03-3513-6979、
e-mail : info@jcopy.or.jp）の許諾を得てください。
また、本書を代行業者等の第三者に依頼してスキャンやデジタル化することは、たとえ
個人や家庭内での利用であっても一切認められておりません。

ISBN 978-4-335-32095-8

好評発売中

日弁連ADRセンター双書1
紛争解決手段としてのADR
ADRの実務に詳しい弁護士が、第1部で、紛争解決ツールとしてのADRの全体像を、沿革・位置付け・活動状況から明らかにし、第2部・第3部で、活用方法を理論面・実務面から解説。ADRを利用する上で押さえるべき事項・留意点を具体的に示す。　2940円

日弁連ADRセンター双書2
交通事故の損害賠償とADR
ADRが非常に発達した交通事故の民事賠償において、その運用の現状と利用法を解説。第1部で、交通事故損害賠償事案の全体像、事案にあたる際の重要ポイントといった基礎知識を紹介し、第2部では、ADRの実例に沿って、仕組み・利用の仕方を説明。　2835円

日弁連ADRセンター双書3
建築紛争解決とADR
第1部で、東京地裁の建築関係紛争の訴訟と調停の現状・課題を紹介。第2部では、建設工事紛争審査会・住宅紛争審査会の仕組み・利用方法を説明し、愛知県弁護士会ADRの取組みも紹介。建築紛争を解決する選択肢としてのADRの知識が身につく。　2940円

日弁連ADRセンター双書4
医療紛争解決とADR
第1部で東京地裁医療集中部の審理の特徴と手続の進め方、医療訴訟に詳しい弁護士による日本とドイツの賠償責任保険制度の比較、厚労省の医療安全調査委員会等への取組みを紹介。第2部・第3部では、東京三弁護士会の医療ADRの現状を分析し課題に言及。また事例紹介を交えて、ADRの上手な利用方法を紹介。　2940円

定価（税込）は、2012年11月現在のものです。